Leonor Xavier

PASSAGEIRO CLANDESTINO
Diário de vida

autêntica

Copyright © 2015 Leonor Xavier / SPA
Copyright © 2015 Autêntica Editora

Todos os direitos reservados pela Autêntica Editora. Nenhuma parte desta publicação poderá ser reproduzida, seja por meios mecânicos, eletrônicos, seja via cópia xerográfica, sem a autorização prévia da Editora.

EDITORA RESPONSÁVEL
Maria Amélia Mello

EDITORA ASSISTENTE
Cecília Martins

REVISÃO
Cristina Antunes

CAPA
Diogo Droschi
(sobre imagem de Berezina)

DIAGRAMAÇÃO
Waldênia Alvarenga

Edição apoiada pela Direção-Geral do Livro, dos Arquivos e das Bibliotecas/Portugal

Dados Internacionais de Catalogação na Publicação (CIP)
(Câmara Brasileira do Livro, SP, Brasil)

Xavier, Leonor
    Passageiro clandestino : diário de vida / Leonor Xavier. -- 1. ed. -- Belo Horizonte : Autêntica Editora, 2015.

    ISBN 978-85-8217-775-4

    1. Câncer - Doentes - Narrativas pessoais 2. Cura 3. Mulheres - Memórias autobiográficas 4. Xavier, Leonor I. Título.

15-09330   CDD-920.72

Índices para catálogo sistemático:
1. Mulheres : Memórias autobiográficas 920.72

Rio de Janeiro
Rua Debret, 23, sala 401
Centro . 20030-080
Rio de Janeiro . RJ
Tel.: (55 21) 3179 1975

Belo Horizonte
Rua Aimorés, 981, 8° andar
Funcionários . 30140-071
Belo Horizonte . MG
Tel.: (55 31) 3214 5700

São Paulo
Av. Paulista, 2.073,
Conjunto Nacional, Horsa I
23° andar . Conj. 2301 .
Cerqueira César . 01311-940
São Paulo . SP
Tel.: (55 11) 3034 4468

Televendas: 0800 283 13 22
www.grupoautentica.com.br

*Basta a cada dia
a sua própria alegria*
Ruy Belo

As histórias podem contar-se ao contrário. Mas só quando começam e acabam, quando se lhes conhecem as curvas e os contornos, quando as personagens que as povoam estão definidas, quando há um começo e um fim que possa ser o começo de outra história e de outra, até mais não. Há as histórias traçadas com precisão e aquelas que vão seguindo discretas, silenciosas, disfarçadas de pequenos sinais tão invisíveis que nenhum encadeado de palavras lhes dá corpo ou vida. Essas podem começar num dia de março, às escuras de um acordar, ou podem estrear num fim de tarde de julho obrigado a trânsito de gente, presença em acontecimento, troca de fugazes contatos de pele em síntese de palavras, venais circunstâncias no curso da cidade.

Nessas histórias, o corpo estranho dentro do corpo é protagonista, passageiro clandestino, senhor que nele desde há muito se acha instalado com absoluto conforto. Não tem volume nem medida, aconchegado em amáveis tessituras, protegido de frios e calores, alimentado de sais e sucos, saciado de temperos e sabores. Até que discretamente cansa, perturba, transforma, asfixia, acorda o descanso, alvoroça a mente. Sem cara, sem nome, sem identidade, sem passaporte de instalação neste território feito de suor e sangue, o passageiro clandestino lá está. E quer apresentar-se no salão da casa, respingando plumas e paetês, adereços de banquete a preparar aparato e festa.

Um ano? Quantos meses? Que tempo passou desde que o clandestino assaltou o corpo, disfarçado de coisa nenhuma, bandido vestido de nada, malandro?

Realidade engarrafada, diz Agustina sobre o romance certo, sem atropelos de memória ou eclipses de pessoas. Mas esse romance não existe, o curso dos acontecimentos é por natureza desordenado, e descubro eu agora que, tal como na vida verdadeira, nós perdemo-nos na realidade ou ela perde-nos a nós. Porque toda a realidade correu depressa demais, esquecemo-nos dos detalhes dos dias, das frases, dos pensamentos que andam a galope, a fugir de um para o outro que se segue. É o que não quero, é por isso que lembrar, recordar, registrar, guardar tem sido um traço forte meu, desde a primeira consciência de mim. Contar, dar testemunho daquilo que ouço e vejo e vivo, é importante. Muitas vezes eu guardo uma cor ou um cheiro ou uma sensação qualquer, mas o cenário desapareceu e as personagens sumiram, de vez. Essa é uma das perdas que me abala, quando acontece.

Tenho um espaço de expressão que ao longo dos anos fui conseguindo, aprendizado de vida feito de casos e descasos, peripécias, atrevimentos, resguardo, muito amor, muitos encontros nos desencontros da vida, como diz o verso de Vinicius de Moraes. Nunca deixei de me expor, de dizer o que penso e sinto, de defender uma causa de fé, sem medo de ser criticada ou desprezada.

Assim, posso talvez através da escrita passar uma respiração de serenidade aos tantos outros que, como eu, foram violados na intimidade do seu corpo, na sua integridade, na absoluta perfeição que julgavam iria durar para sempre. Uso o conceito de violação no modo mais bruto. Haveria outras formas mais leves de dizer.

Problema ou contrariedade ou fase difícil, como lhe chamam as pessoas cautelosas que se defendem em discrição para não dar nomes às coisas. Figuras virtuosas que muito bem sabem inventar um véu de conveniência a separá-las da realidade, na sua crueza. Não distingo as corretas designações para a doença, ouço dizer que tem uma infinidade de formatos. Em resumo, prefiro chamar-lhe simplesmente câncer, tal como é, e merece.

E em vez de desenvolver o assunto doença, prefiro pensar em aventura, ou melhor dizendo, acidente/incidente de percurso. Que aconteceu de surpresa e me leva a refazer o entendimento do mundo. Que me dá vontade de contar, e que tem a ver com o que somos, porque existimos, o que andamos a fazer por aqui.

A minha condição é um ínfimo detalhe na ordenação de todas as coisas. Mas eu pertenço a essa ordenação, não é por acaso que nasci e que ando pelo meu chão de pisar, pelas contracurvas da minha pequena história, pelos tempos de euforia, pelas desordens dos desgostos. De tudo isso somos feitos, e eu sou feita, na minha condição de humana mulher, em idade madura, ainda saborosa e sumarenta. O que tem a ver a doença confirmada, e a partir daí, muito imediatamente, com certas impressões dos sentidos que me são dadas de surpresa, fortes como um murro no estômago, uma dor de prazer no coração, um golpe de frio a cortar a alma.

Assim me aconteceu numa manhã de dezembro passado, à primeira hora de abertura da loja onde eu ia trocar uma compra. Como guardei esse instante, não tendo ele a menor importância, como foi tão intenso ao ponto de agora relembrá-lo? As palavras não chegam, só poderão sugerir que, afinal, o desimportante é, afinal, importante. Abri a porta do carro, saí na avenida ainda vazia de trânsito e, estando longe do rio, respirei fundo o ar da minha cidade de Lisboa, com um imenso prazer de pulmão cheio, de vida a correr em mim, sangue vivo, natureza a dizer que sim, existe.

Prontos. Portanto. É assim. Escrevendo estas palavras totalmente fora do contexto, tomo a liberdade de pensar nestes modos portugueses de respirar fundo a tomar fôlego, antes de uma tirada de afirmação que se julgue de alguma importância. Também retomo uma frase de Alfredo Marceneiro, como preâmbulo para o sombrio assunto que virá a seguir. Certa vez cantou ele um fado, nos bastidores da rádio, e o fado saiu-lhe bem, acrescentado pelos elogios de quem o ouvia. "Ó filhos, tudo vai do arranque", disse então o Mestre, já de voz aquecida, pronta para mais. O assunto sombrio, por estranho que pareça o parentesco, até tem muito a ver com fado, esse destino que nos assombra, de dor e paixão, de traição e ciúme que consomem, desgraçam, desfazem. E este assunto, a que me permito chamar arranque, tem uma senha. Não é que eu acredite nesse destino que poderia traçar a minha vida, porque a vida é uma construção feita de escolhas e liberdades, assim fomos criados na nossa humana imperfeição.

Ou seja, não foi por destino que fiquei doente de câncer. Mas um tom de fado a evocar panejamentos escuros de dor ou vermelhos de sangue dá-nos a nós, portugueses, um prazer um bocadinho masoquista. Que eu até assumo, por gostar de às vezes ter uma leve pena de mim, ou emocionar-me por um sentimento, por uma compaixão, por um espetáculo de beleza que me faz chorar.

Voltando ao assunto sombrio, ao momento do arranque e ao anúncio do que viria a seguir, aparece com pompa a palavra "biópsia". Como outras, instala-se no meu novo vocabulário, sabendo eu já que é mensageira de boas ou de más notícias em avaliação de saúde. No caso, há um papel com carimbo de laboratório especializado, em que ela registra a má notícia de que há um câncer dentro de mim. Sem drama, talvez porque a própria natureza nestes momentos me cobre com aquelas penas de pato que fazem escorrer a chuva e protegem do frio, assim eu soube. Pelo telefone me chegou o veredito, estava eu num almoço de mesa grande de amigas. Não calei nem disfarcei, nem apaguei a notícia. "Estou com um câncer", disse em voz baixa às que se sentavam ao meu lado. Assim foi o arranque.

Arranque, que teve preliminares de que eu não tinha noção, até as suas sequências. A colonoscopia e mais a tomografia, práticas que eu nunca tinha experimentado, com as respectivas demoras em salas de espera e mais o tempo até ao resultado definitivo, constam nesta minha iniciação. Os guichês de recepção, onde a minha identidade é apurada e imediatamente perdida, naquele universo burocrático. A consistência das cadeiras de espaldar duro, onde pacientemente me ajeito, concentrada nos painéis com a inscrição eletrônica dos números e a categoria de chamada. O instantâneo ruído, a dizer que um número avançou. Tudo isto aconteceu, como já disse, na fase de arranque. Seguiram-se outras etapas, curtas, repentinas, imediatas. E na fase substancial desta história, começo a sentir-me em casa, pouco a pouco vou tateando os espaços, os modos de falar, a estética em curso.

Nesta condição que agora é a minha, sinto-me como se mudasse de país, de identidade, já que o meu vocabulário se pretende ampliado, muito além da minha vontade. Passei a saber que existem palavras, algumas difíceis de decorar como leucócitos e plaquetas, linfócitos e eritrócitos, neutrófilos e eosinófilos, basófilos e monócitos, num elenco bem mais complexo do que os simples nomes de brancos ou vermelhos para designar os glóbulos que no sangue me mantêm viva.

Tenho a sensação de um regresso aos bancos da escola, quando tudo o que se aprendia era excitante e novo. Ler, escrever, contar eram passos firmes para crescer, para me fazer ouvir, para conseguir perceber coisas que até então não podia alcançar. Nesta fase, parece-me o passado colado ao presente, quando as cenas de infância e adolescência pulam acima da idade adulta, talvez a significar que desde muito cedo os nossos códigos estão lá, inscritos na maneira de ser, personalidade adiante definida. A memória traz-me, de mão beijada, um desfile de gente e de coisas. Coisas como, à minha escala de criança, podem ser a medida exata e a consistência da carteira onde me sentava na classe, o *pupitre* da escola francesa quando todos os dias, em coro, dizíamos a tabuada, escandindo os sons, de dois a dez, como se os números fossem um canto de embalar.

Sou de família de médicos, em pequena era às vezes levada pelo meu pai ao hospital, em dias de sábado ou domingo passávamos pelas camas dos doentes na enfermaria, ele falava-lhes, apresentava-me, tinha sempre um tom de agrado, de carinho, de compaixão. Em nossa casa não se falava de doenças nem de doentes, a ética nunca permitiria personalizar casos concretos, e a saúde não era tema de conversa à mesa, na hora do almoço ou do jantar. Talvez por isso eu tenha sempre sido arredia à descrição pormenorizada de males do corpo. Não quero saber de investigação na internet, não procuro livros de autoajuda, não faço perguntas, não percebo de fórmulas nem de remédios. Nem de medicamentos, como se designam, de maneira correta, aquelas substâncias a que chamo remédios.

Uma ida a um dentista que insistia em mostrar-me numa tela a radiografia da raiz que ia tratar, eu a dizer que não queria ver, não percebia, não me interessava e ele a querer explicar e eu a levantar-me da cadeira, foi um minúsculo episódio pícaro, a relembrar-me a incompetência ou a ignorância que mantenho nestes casos. Penso que a medicina tem pertença destes saberes, investiga, trata, cura. Ou não. E esse é o mistério da esperança, que é um dom, uma graça.

Reparo, com desconforto, que sempre que as pessoas se encontram vem o comentário sobre os parentes, amigos, os conhecidos que estão doentes. Em qualquer sala onde haja convidados, a conversa implica obrigatoriamente o tema. Não há quem não saiba, quem não opine, quem não acrescente nomes de médicos, de clínicas, de consultórios. Quem não aconselhe, com vivacidade, que se ouçam opiniões, que se vá a Madrid, a Navarra, a Londres. Aos Estados Unidos. Dão-se exemplos, citam-se nomes de quem foi ou de quem irá. Para dizer bem ou dizer mal, estes casos são matéria substancial para o convívio comum. E dou por mim, agora, a perguntar-me até que ponto esta é uma questão de classe.

Sei de alguém, abonado e poderoso, muito doente de câncer, que ia tratar-se noutro país, formalmente mais avançado em cura. Um dia, a filha desse alguém cruzou-se na rua com a filha de uma antiga cozinheira da família, e trocaram umas palavras, já que esta tinha uma irmã muito mal, sem esperança de salvação. A primeira enunciou à segunda as vantagens daqueles tratamentos estrangeiros e até a aconselhou a tentar a viagem, enquanto a segunda a ouviu bem educadamente, e a rematar a conversa disse: "A morrer, morremos todos na mesma, menina". Conhecendo eu a ambas, não acredito que a resposta espontânea e imediata tivesse outra intenção a não ser essa mesma. Tão simples como isso.

Em situações extremas, somos todos humanos, no acaso das diferenças que nos separam somos iguais uns aos outros, nas nossas imperfeições. Toda a condição de conforto, os objetos, os bens, os consumos, os acessórios, as coleções acumuladas são supérfluos na hora de gritar por socorro. Enquanto assim escrevo, vêm-me as imagens do *Ensaio sobre a cegueira*, vejo melhor as imagens da escrita de José Saramago do que as do filme de Fernando Meirelles, porque a escrita cresce a várias dimensões e as imagens determinam a imaginação. Na escrita de Saramago, eu assisti ao desfilar dos cegos desesperados, cheirei a promiscuidade, assustei-me com a violência. Senti-me aliviada porque a destruição do mundo, afinal, não chegou ao fim. Mas o importante mesmo foi ver como homens e mulheres perdem a noção de regra ou de distância em situação de desgraça. Assim acontece quando a doença se torna ameaça e abala todos os tais confortos estabelecidos, conquistados, pior ou melhor conseguidos em anos de vida.

Voltando às conversas sobre doenças, nos mais diferentes contextos, será esta uma necessidade de afirmação? As mulheres da minha aldeia do Ribatejo convivem no Centro de Saúde da freguesia, contam todos os pormenores sobre os exames marcados, os resultados, as consultas feitas e as próximas, as análises, as filas de gente na farmácia local, as viagens de ônibus até Santarém, onde uma ida ao hospital dá dignidade, inspira respeito, aumenta um degrau na escala social.

E o ritual da doença pode, ele próprio, ser uma cura para dolorosos estados de alma, preocupações, angústias. Assim terá sido companhia para muita gente, a mais diversa, na fase de adaptação às mudanças do

PREC (Processo Revolucionário em Curso), no Verão Quente de 1975. A propósito, disse-me Agustina Bessa-Luís: "E aparece nesta altura a doença como consolação. As pessoas começam a perceber que a doença lhes faz companhia. Há uma assistência que corresponde a uma necessidade física e ao mesmo tempo a uma necessidade moral. As pessoas apareciam com sacos de remédios, a doença era um suporte da sua desorientação" (Leonor Xavier, *Portugal: tempo de paixão*. Lisboa: Círculo de Leitores, 2000, p. 27).

Muito depressa aconteceu, também nesse tempo, um aumento de acesso da população aos Serviços Médico-Sociais. Os 5,2 milhões que em 1970 procuraram esses Serviços passaram a 7,3 milhões em 1975 (António Barreto, org., *A situação social em Portugal, 1960-1995*. Lisboa: Instituto de Ciências Sociais, 1996, p. 417).

Em quarenta anos, mudaram as mentalidades. A saúde é assunto público, questão de Estado, debate midiático. Temperada pela melancolia da nossa identidade, seguem e devoram-se, com prazer, os males do corpo.

Uma vizinha da rua ao lado, Ludovina, desconhecida minha até esta manhã, quando me pergunta pela minha saúde, descreve-me em pormenor o diagnóstico, a eficiência do hospital, a cirurgia, a quimioterapia, há seis meses acabou os tratamentos. Ficou com sequelas, mas está curada, diz-me com calorosa e mansa palmada nos meus ombros. Ficamos quase íntimas, certa eu de que, sem quase dar por isso, me encontro numa ilha fortemente povoada, em que todos estamos em lugar seguro, aconchegados pela cumplicidade.

Uma vez, conversando com o Raul Solnado sobre as maldades que acontecem nos ambientes de trabalho, em que raramente se criam alianças e mais há discórdias e lutas de poder, perguntei-lhe sobre a gente do teatro, que faz e desfaz palcos em estreias e finais de temporada. Disse-me ele que no espetáculo há, sim, uma forte ligação entre todos, porque todos têm um adversário comum: o fracasso. E assim, estão unidos. Sinto-me a crescer nessa união entre doentes de câncer, se assim se pode chamar, residente numa ilha de cumplicidade em que temos o mesmo adversário, ilha que não deixa de ser boa, no estado de paz em que me encontro.

Eu reagia sempre, quando em São Paulo, na minha iniciação brasileira, a minha amiga Elisinha Quartim Barbosa me dizia que o sofrimento dá sentido à vida. Bem-nascida e bem-educada, ela era mórmon convicta, acreditava que o mundo ficaria em paz depois do ano 2000, e passava pela falência do Comind (Banco do Comércio e Indústria de São Paulo), fundado pelo seu avô. Entre públicos escândalos e debates em praça pública, assistindo às brigas da família, ela sobreviveu.

Eu contestava-a, defendia ideias opostas. E continuo a pensar: por que o sofrimento e não a alegria, o júbilo, o riso, o extremo da felicidade, intenso? Estas emoções são a outra face da moeda, a claridade e a sombra são próprias da nossa natureza. Sei que me tem sido dada outra dimensão, superior privilégio, que é sal para uma estética iluminada, a oferecer-nos momentos de absoluto prazer. A arte, em todas as suas expressões e disciplinas, é uma consolação imensa neste momento. Como sugere Inês Pedrosa: "É essa a função da arte, transfigurar o sofrimento e fazer dele uma viagem para outro mundo" (Inês Pedrosa, *Sol,* 11 de fevereiro de 2014).

Se a doença pode ser a expressão da dor, da agonia, do medo, da angústia, parece-me infelizmente que para muita gente é verdade o que a Elisinha me dizia. As pessoas à volta tornam-se solidárias, próximas, disponíveis para gestos de afetos tantas vezes ausentes, em anos de convívio. Será que através destes gestos e sentimentos elas dão mais sentido às suas existências?

Pensando ao invés, tenho eu a certeza agora, na idade madura, de que a atenção aos outros, a generosidade de coração ou a pronúncia de uma palavra bonita, de consolo ou de agrado, devem existir na minha relação com a vida. Essa atenção deve ser e não apenas estar. Porque há um estado de espírito bom, a maldade desertou, a alma está limpa, pronta para o observatório do mundo.

Tudo isto é misterioso e a ignorância é total. Logo ao princípio, ainda sem noção da viagem afinal já iniciada, há uma noite em que a dor forte no ombro avança como faca afiada sobre o peito, o estômago, o ventre que se avaliou doente. Que dor? Que motivo? Que sintoma? Consequência de quê? Prosaicamente, o bom senso da minha amiga J. garante-me que a dor não lhe parece mais do que o mau resultado de uns pesos de compras que eu tinha carregado. De manhã, telefonei-lhe a desabafar a minha inquietação. Percebo que deixei de poder medir as minhas forças, que a força agora se destina a outras intenções, muito para lá de distinguir entre leve e pesado, ser capaz ou não de o que quer que seja.

Que me lembre, depois desta conversa não fiz mais queixas nem perguntas. A partir de um certo momento, percebi que esta viagem de câncer só pode ser comentada com companheiros de percurso. A tendência daqueles que não acompanham estes meus passos é para solidariamente se aproximarem de mim. Vão dizendo que também sentiram uma dor nas costas assim, ou que também se esqueceram de coisas óbvias, como tirar o cartão do caixa eletrônico, ou que tiveram uma impressão nos olhos muito parecida com a minha. Se levemente lhes digo que estou cansada, respondem-me que igualmente sentem cansaço, sem distinguir os meus motivos dos seus. Se eu falo sobre o meu dia a dia de cuidado com os ventos, os frios, as chuvas e acrescento que me protejo, ficando mais em casa, logo me dizem que sim, também não saíram nessa mesma manhã porque o tempo estava úmido, e que deixaram tudo para a tarde e mais e mais coisas assim vão dizendo, sem noção de que a sua realidade e a minha mudaram, definitivamente.

Agradeço-lhes do fundo do coração, sem palavras para lhes dizer o quanto forte é o agradecimento. Mas não sabem eles que estamos a seguir por caminhos colados, mas paralelos, desde o momento em que este ponto final de destino apareceu nas nossas vidas. A verdade é que agora sim, as diferenças estão marcadas, somos seres absolutos e singulares desde o instante em que fomos concebidos.

A casa metamorfoseou-se em mundo. Digo assim, em vez de transformou-se, porque a metamorfose demora, a transformação acontece logo. A metamorfose é um processo minimalista, uma acumulação de pequenas mudanças ou descobertas, lembra-me o caleidoscópio que em pequena ganhei de presente e que me levou uma tarde inteira de pasmo na descoberta de cores, de formas, de desenhos, em doce e constante mudança. Relembrando o princípio e para que esta fase fique guardada em mim, a cada dia vou encontrando novos ritmos, no devagar exterior em que se tornou o meu caderno de atividades, de obrigações, de intenções. Não tenho pena de não sair e descubro que ficar é prazeroso. Não sinto falta de vozes, de sons, de conversas, de enredos, de imagens.

Leio muito. Acompanho as notícias na televisão, mais do que nunca devoro os jornais do princípio ao fim, incluindo a necrologia e só saltando os classificados do *DN*, nas páginas de mulheres peladas a oferecer massagens e serviços sexuais. Não por razões morais, mas por sentido estético, apesar de tudo. Aprendo que não fazer nada, ao contrário do que parece, dá uma mão de obra danada. Sem complexos de culpa nem achar que seja desperdício, vou assistindo às telenovelas, em gravação, para me dispensar da publicidade. Os serões são curtos, regresso aos horários de séculos passados. Adormeço sem sustos, naturalmente me enrolo no aconchego da minha cama. Acho-me a par do que vai acontecendo no espaço da rua.

Mas tenho o imenso prazer do silêncio. E por admirável coincidência, recebo da Hélia Correia um poema de Ramos Rosa, que lhe foi enviado pela filha do poeta, Maria Júlia, sua amiga. Como que a ajudar-me a dizer o que muito melhor do que eu ele diz, é este o verso: "Nós vivemos a violência dos sons da nulidade/ Das palavras cujo fogo é um falso artifício/ E das imagens de mecânica magia/ E já não temos em casa espaços de silêncio".

Como se um horizonte maior se abrisse em mim, tenho agora a deliciosa sensação de gostar de estar, simplesmente, comigo. Nada de solidão, não. Estar sozinha não é estar só ou ser solitária. É um luxo, neste universo de lixos que a toda a hora insiste em invadir-me. É uma graça de Deus, de que tenho consciência sempre que, regularmente, são divulgados números e pingam notícias sobre os chamados idosos que vivem isolados em aldeias desertas na província ou em quartos andares sem elevador nas cidades, de norte a sul. Apesar das visitas de voluntários e da solidariedade de vizinhos, eles moram e morrem aí, sós.

O hospital preenche-me o convívio com o espetáculo dos outros. Sinto-me bem ali. Quem não experimente estas formas de viagem por dentro terá dificuldade em acompanhar-me, ou entender-me. E em tudo o que está a acontecer, apesar do mal-estar, das limitações do corpo, das ardências, do não saber o que se está a passar dentro de mim, estou alerta para a eficácia dos médicos, para a segurança nos tratamentos, para a sorte que me tem sido oferecida.

Dizia eu que as pessoas à volta se tornam solidárias, próximas, disponíveis para gestos de afeto. Essa não é uma descoberta, mas uma confirmação para quem, como eu, se move nessas expressões do bem-querer. Elogiar bonitos olhos, um vestido bem escolhido, um enfeite original é tão afetuoso como aplaudir alguém por ter falado a palavra adequada a uma circunstância. É um sinal de atenção a quem está ao meu lado, é apagar o doloroso silêncio de uma sociedade mergulhada em avarezas de sucesso, mesquinhez de ciúme. É suspender a maldade da nossa natureza, tão pequenina. Em face da doença, serem agora as pessoas amáveis, dizerem uma doçura, deixarem de economizar gestos e atos, não é uma descoberta. É um mel que adoça a vida, um sabor que em outros momentos conheci, e que agora me vem com intensidade maior.

Chegam-me recados, às vezes mínimos, o sentimento dispensa desenvolvimentos, a confirmar que as palavras, tão variadas e usadas nas expressões de amizade, são universais. O texto, o contexto, o subtexto têm toda a razão de ser. Recebo a esperança da alegria, a certeza da fé, o enunciado de orações, a reflexão sobre o que somos.

Recebo o desejo de nos vermos porque moramos ao lado ou porque estamos longe, em outro país, outro continente. Recebo os conselhos de proteção, os cuidados, o oferecimento de presença, para o que seja preciso.

Recebo a ternura *ex corde*, pele na pele: "Se eu estivesse perto te abraçaria muito forte. Este ano será o da recuperação, fique certa de que todos os teus amigos estarão te dando força, carinho e amor. Iremos rir bastante". Vem-me o conforto de um novo tempo: "Querida, um abraço muito grande. Abre-se uma hora muito exigente, mas que é uma chamada muito, muito forte à esperança. Vou ter-te presente em cada dia". Há o conselho de sensatez: "Vais aguentar tudo com muita calma e tens de descansar muito. É a hora de pensares só em ti". A garantia de disponibilidade: "Aqui estou a dar-te sinal para te dizer que estou sempre a torcer por ti e que podes e deves dispor do meu/nosso apoio caso precises".

A declaração de amizade, expressão de amor: "Torno a dizer o que tenho vindo a dizer e a pensar: gosto muito de ti, e tenho fé que tudo vai correr bem contigo e também comigo para continuarmos ainda bastante tempo com as nossas vidas cruzadas". Ou então, o estímulo: "Só podes estar confiante. Tudo o que precisares, aqui estou". A fé em modo de esperança: "Tenho pensado todos os dias em ti. Ontem e hoje especialmente. Estás a passar por uma grande prova. Que Deus te ajude e te sintas sempre acompanhada e protegida". E mais vezes, o nome de Deus a guardar-me, nas vozes dos amigos: "Ai! Deus vai nos dar muita força e vai correr tudo bem! Fica para já com muito amor e carinho meu". Em outra versão: "Minha querida, penso muito em ti e acompanho esta fase dura com carinho. Que Deus abençoe. Um grande beijo meu e do Zé, que pergunta sempre por ti". Breve, a mensagem é agora absoluta: "Estou contigo em oração e em pensamento".

O gostar em modo de amor, agora falado e quase sempre escondido no dizer: "Minha querida, estou contigo, se precisares de alguma coisa, diz. Gosto muito, muito de ti". Ou: "Minha querida e única, gosto tanto de si. Estará comigo hoje e sempre". Ou: "Acordei agora e penso em si". Ou ainda: "Minha querida, estamos sempre consigo com todo o amor". De longe, vêm os carinhos, as notícias, as saudades, os projetos: "Queridíssima, vim te trazendo muito calor e carinho. Como está o tratamento? Tens reagido bem? Dias lindos sem parar. Veja o nosso último fim de semana na fazenda. Uma luz mediterrânea. Quando você vier teremos de passar o fim de semana lá. Dá notícias".

Curta, quase todos os dias me chega a pergunta da minha outra próxima, atenta e objetiva amiga: "Como vais?".

Doença prolongada, por quê, se quase todas as doenças são prolongadas? Câncer, melhor dizendo e bem pronunciado, na generalidade e não na designação específica de cada uma das suas manifestações. Ou personalidades, se preferirem, ou as imensas cobras que fazem os cabelos da Medusa, perigosa e ameaçadora para os distraídos nos caminhos da vida. Descubro, isso sim, que os doentes de câncer recebem uma dose especial de resistência, porque são considerados alguém que, por ordem decrescente de intensidade, está em guerra, em batalha, em luta pela vida contra a morte.

Revejo mais mensagens e recados e e-mails e a linguagem bélica é intensa, como se eu fosse uma amazona, ou mulher feita homem no sertão, como Diadorim de Guimarães Rosa. Imagino-me trajada de armadura, coberta de elmo, com gritos guerreiros à minha volta. A coragem é essencial, a força é fundamental, as armas prometem vitória.

E leio, assim, muitas vezes esta mesma palavra: "Força!". Ou: "Deus vai nos dar muita força e vai correr tudo muito bem". Ou: "Que continues cheia de força". Ou: "És uma pessoa forte, deves lutar e ser positiva. Muita força". Ou: "Força leonina, força". Ou: "Força para enfrentar os desafios que a vida lhe vem colocando". Intenso, o apelo: "Força! Força! Força!".

Mais leve e espiritual, o desejo: "Espero que tudo vá correndo bem, com a tua fortaleza". E outra vez, as palavras pesadas de significado, já que a questão em causa não tem nada que alivie a carga existencial. A vitória, a batalha, as armas são-me amplamente oferecidas. Assim: "Este ano será seguramente o ano da tua vitória". Ou: "Toca a ser a habitual mulher de armas". Ou, generosamente: "Mais uma batalha a vencer e tu és uma lutadora corajosa". Em tom de certeza: "Você como guerreira que é vai vencer esse novo desafio". Ou de esperança: "Que esse ano seja de vitórias e alegrias (com lutas pelo meio, claro)". Unindo guerra e esperança, uma amiga brasileira escreve: "Você é uma guerreira, já saiu vitoriosa em várias batalhas. Nunca perca a esperança pois ela é o sentimento que nos empurra para frente, é famosa 'A Luz no Fim do Túnel'".

E que tal um tom de futebol, em desejada goleada? "Estou na torcida", escreve o amigo de longe. E eu sei que sim, ele está.

Definitiva, a rematar, guardo a afirmação: "Uma vez que a gente encara a besta de frente, sabemos nos defender e lutar".

Volto à ideia de viagem, que desde o primeiro momento me tem acompanhado. Ideia que um dia destes provocou ataques de riso a quem conhece o meu costume de, de repente, soltar pela boca fora o que me vem à cabeça. Estou sempre a acasalar coisas, e por mais disparatadas que pareçam, no sentido de que à primeira vista não têm nada a ver umas com outras, mas elas têm um parentesco, próximo.

Disse eu que tive menos medo quando soube do meu câncer do que de viajar de vez para São Paulo em março de 1975. Ambos os destinos são desconhecidos, a diferença é que no Brasil se fala a minha língua, eu posso ver-lhe o desenho no mapa do Mundo, e depressa ia aprender o que não sabia até então. O câncer não tem linguagem entendível, para mim toda a conversa médico-científica me parece chinês, em versão cantonense ou mandarim, conforme as falas e tendências de quem me vai dando explicações. Como se dois e dois fossem quatro, todos afirmam, garantem, declaram. Eu não vejo as imagens do câncer nem lhe interpreto os códigos, não vou aprender nada a não ser o que me seja dito pelo doutor, ele sim, sabedor do que se está a passar no invisível de mim. A outra diferença, fundamental e que deixo para o fim, é a de ser uma mulher de trinta anos ou uma mulher de setenta. A primeira, ingênua, desmaliciosa, disponível para aprender. A segunda, que agora sou, sabida, ensinada, experimentada.

E em outra ocasião me apareceu mais uma nova ideia de viagem. Esta, que me traumatizou até hoje, quando penso nela, fico aliviada de medo do meu câncer. Na verdade, as emoções têm estes caprichos de incoerência, ativados pela adrenalina que nos faz perder a inteligência, o raciocínio, o senso comum. Neste caso, a ideia de viagem passa-se no aeroporto de Nova Iorque, no *check-in* para Lisboa.

Eu, sossegada, na fila da polícia, que vai em vistoria demorada por causa da segurança pós-11 de Setembro, à minha frente tiram-se cintos, sapatos, metais, moedas, celulares e mais o que possa ser além da roupa colada ao corpo. Chega a minha vez, há um dedo policial apontado que me manda seguir para uma cápsula transparente, grande, aparatosa, separada dos outros balcões, cápsula que venho a saber se destina ao controle dos terroristas. Já amigos me consolaram do medo, a dizer que os passageiros são ali escolhidos ao acaso, opinião que mais acrescenta o meu trauma. Lá pousei os pés conforme o desenho no chão e levantei as mãos ao alto como me mandaram, a sentir-me assaltante, ladra, traficante. Humilhada. E naturalmente, daí a uns segundos baixei os braços. O que fui fazer. Tocou um apito, fui empurrada para fora, ainda murmurei, em clara pronúncia: "Eu não sabia, não foi intencional". Veio uma mulher polícia mexer-me toda de cima a baixo, à frente da multidão de passageiros em fila, ali mesmo.

Volto a dizer que relembro o dia do câncer com menos horror do que o que me aconteceu dessa vez. Toda a viagem tem peripécias, é outra associação de ideias que faço, quando me alargo nestas comparações. O câncer é uma viagem e, como as mais comuns viagens, tem as suas peripécias interiores. São elas uma boa razão para nos animarmos, já que há variados casos para contar, entre ir e voltar, partir e chegar.

Mais do que nunca, uso e abuso da palavra e do conceito de descoberta. Aqui vai ela, para voltar a falar das primeiras e fundamentais impressões desta minha pasmosa/pasmada viagem. Logo nos primeiros dias, dá-se a consciente descoberta de que o corpo não é pertença, que o corpo não se deixa possuir, que ele é livre e rebelde, solto e abusador de nós. Talvez se vingue das vezes em que não lhe obedecemos, impondo a sua vontade ou a precária inteligência do pensamento. Não fumar? Não beber? As noitadas? As experimentações? As madrugadas viradas ou as diretas de noite em claro? E aqueles e aquelas que nem nunca aprenderam a definir um excesso? Esses se preservaram no resguardo da contenção, do dever ser, da prudência. Ou da regra religiosa que anula o corpo através das privações, do jejum, do sacrifício. Acontece que nem esses estão protegidos da invasão. Ou da Besta, como já dizia o meu amigo M. quando o seu amigo e companheiro morreu de aids, e como ele continua, até hoje, a dizer o indizível.

E logo depois, a descoberta de que esta doença é absoluta e absolutamente singular, assim como cada ser humano na imperfeita perfeição da natureza, é uma só criatura de Deus, sem que nenhuma outra igual exista neste vasto mundo. Uma gripe, uma pneumonia, uma anemia, uma hérnia, um reumatismo, umas diabetes, uma colite e milhares de outros padecimentos têm diagnósticos raramente errados, remédios definidos, datas de prescrição, tratamentos universais, clássicos ou alternativos. Antibióticos, vitaminas e sais, ervas e plantas curam, sabe-se que curam. Ou aliviam, nas doenças que se instalam, perversas, até ao resto da vida. Sendo que quase nunca por causa delas se morre, e o câncer, clandestino e traiçoeiro, pode matar.

Voltando aos começos, posso repetir que a impressão primeira é a de estarmos num terreno desconhecido. Cada paciente é um caso, cada médico é um sábio, cada momento de investigação é fundamental, cada acerto é sagrado, na minúcia dos ingredientes que, aplicados no corpo, poderão salvar. Matam, mas salvam. Matam o mau e o bom que faz de nós corpos vivos. Salvam, em sistema de troca direta. Quando salvam, vai para o inferno o tumor, reduzido, enfraquecido, desmanchado, desfeito, e permanecem os tons da vida, tanta vida que há para viver. Os sonhos de viagem, de festa, de mar, de amor, de neve, de sabor, de tempero, de abraço apertado, a garantir que sim, estamos a viver a vida, a vida reencontrada.

Mas logo de seguida, o médico avisa. Ele, o tumor, está lá. Elas, as metástases, estão lá. Toda essa coleção de gente invasora não desiste de nós. Mas eu recuso-me a ceder, não penso em abandonar-me, não me passa pela cabeça entregar o meu corpo à violação, deixar-me cair em tristeza. Releio Julian Barnes, traumatizado pela morte da mulher, pessimista. Não acredito que ele esteja certo quando garante: "Estudos de doentes com câncer mostram que a atitude do espírito tem muito pouco efeito no resultado clínico. Podemos dizer que estamos a combater o câncer, mas é o câncer que simplesmente nos combate; podemos pensar que o derrotamos e ele retirou-se para se reorganizar. É só o universo a fazer o seu trabalho e nós somos o trabalho de que ele é feito" (Julian Barnes, *Os níveis da vida*. Lisboa: Quetzal, 2013, p. 109).

Nesta minha nova identidade, está anexada uma ficha onde consta um estado cívico. Cívico, e não civil, uma vez que à data de nascimento, naturalidade, solteira, viúva ou divorciada, são acrescentados muitos outros dados. Esses, digo eu que são cívicos porque têm a ver com o registro do Serviço Nacional de Saúde e todas as decorrências de uma consulta, de uma receita escrita e consignada, de um exame ou vários, a partir da primeira vez que ao posto se vai de hora marcada, com registro em computador e pagamento de taxa moderadora.

Aí está a gentil médica que me foi atribuída, a quem não devo nestas circunstâncias aplicar adjetivos qualificativos, e que, sem pressa nem urgência de investigação nem especial atenção aos resultados dos exames, deixou escorrer o diagnóstico, até se tornar definitivo e mortal. Passei a ter um grau de oitenta por cento de incapacidade, avaliação que me foi muito amavelmente anunciada pelo coletivo de três doutores reunidos em Junta Médica. Sozinha e iniciante nestas diligências, dali saí com um papel na mão, a que dei o necessário seguimento burocrático, de acordo com as determinações da lei.

Assim foi substituído o posto de saúde pelo hospital público, o Instituto Português de Oncologia, que agora assume a tarefa de cuidar de mim em científica cadeia de civismo. Por isso defendo que o conceito de cidadania, apesar de todas as possíveis falhas, existe aqui. Se calhar sou ingênua ou simples demais, conhecendo os casos denunciados de fracasso no Serviço Nacional de Saúde. Mas várias vezes nestas semanas tomo consciência da sorte que tenho. Que temos, os meus atuais companheiros e eu. Porque este acesso nos é dado e, pelo que se sabe do resto do mundo, nem sempre é assim.

Na cama, aconchegado em perto de 39 graus de febre, o corpo recusa qualquer gesto, igual a um bicho teimoso que se fica, paralisado, por desobediência ao dono. Este corpo não estende um braço até o copo de água à cabeceira, não solta um dedo para acender ou apagar o abajur, a vinte centímetros de distância, não quer mover-se nem andar meia dúzia de passos até a luz branca do banheiro. Os olhos não leem, os ouvidos estão parados, a fraqueza de estômago não se manifesta. Só existe o desfilar de imagens, cada vez mais claras, cenas de infância que insistem em ser revividas, as mãos do pai a auscultar-me ou a bater de leve na minha barriga e no peito, eu teria sido uma criança frágil, doente de primoinfecção. Pois não é que o corpo até o pensamento comanda, neste torpor da febre que não muda, arredia ao termômetro? Tão arredia que impõe uma semana de antibiótico bravo, compacto, sem nenhuma porção que possa ficar esquecida, sem horário de dia e noite, outra vigília.

Só um momento irascível, o nariz tapado, a boca seca não me deixam respirar. Na noite. Ao longo dos dias, as primeiras impressões, o corpo que já se vai impondo, agora diferente. As mucosas afirmam-se. O nariz que assoa cor-de-rosa. As urgências inesperadas. Os olhos que parecem querer chorar, molhados mas não de lágrimas. A cabeça que flutua, o vago peso no baixo-ventre. Um certo desequilíbrio, um medo de cair e partir a cabeça. Como daquela vez em pequena, quando perdi os sentidos e fui levar pontos ao hospital, caio sobre o tapete do quarto, entre a porta e a cama de dormir.

Não sabemos onde está o poder, de verdade. Desapareceu da vontade, em vez de estar no pensamento, na consciência?

Logo em fase de arranque, ou prenúncio desta viagem sem definição de começo nem fim, o médico alerta para possíveis consequências dos tratamentos. Fala de efeitos secundários, desregulamento das funções, receita cuidados e remédios para as várias eventualidades. A ouvi-lo, não sou capaz de guardar na memória o tanto que ele diz. Chego a distrair-me, porque tenho a sensação de que tudo está em aberto e pode acontecer. Sei dos casos de pessoas que logo a seguir ao tratamento se atiram, prostradas, para as suas camas. Sei de pessoas que não comem nem bebem porque tudo rejeitam, pessoas agoniadas que são torturadas por enjoos e desordem de intestinos. Sei de pessoas que sofrem por desespero, por depressão, por desistência.

Acho-me mulher de muita sorte, que quase nenhuns destes males me aconteceram. A cabeça estonteada, sim, a andar na rua como se os pés estivessem acima do chão, o cuidado com alguma vertigem, a consciência de que alguma coisa invisível se passa por dentro de mim, sem que eu alguma vez saiba exatamente o quê. E depois, semanas depois, há a parte mais exposta do corpo a proclamar afirmação. As pálpebras, os olhos, a pele da cara, a pele do peito, o pescoço, os braços eriçados de uma alergia qualquer, insistente, teimosa, invasiva. Que arde e pica e me impacienta e alastra a cada hora que passa. Reagir como? Pensando que esta afirmação do corpo é boa, que o tratamento de quimioterapia é eficaz, que destrói o mal e, de quebra, afeta o que é bom. Como eu já disse e vou repetindo, as duas faces existem em simultâneo, aceitem-se como são.

Volto à minha infância, para me lembrar daqueles verões em que os dois primeiros dias de praia eram tão intensos e desmedidos que a pele inchada, vermelha-viva de cor, dolorida, nem suportava o peso do lençol de linho a cobrir-me. A mãe passava-me Caladryl, remédio de todos os males curar, em grosso líquido cor-de-rosa que a mão dela, tão leve, levava a todos os pontos do meu pequeno e massacrado corpo. Mais três dias eu era obrigada a esconder-me do sol, e logo me achava pronta para os dois meses de férias, de praia e mar, pescarias e avarias de exploração nas rochas, mergulhos nas marés cheias, ondas furadas até ao fundo, braçadas de nadar bem, prazer imenso.

E também revivo aquela vez em que tive urticária depois de muito chocolate, o corpo de cima a baixo coberto de bolhas, eu a querer coçar-me, a mãe a tratar de mim. E houve a minha febre do carrapato, que quase inconsciente me deixou. Acho que tudo isso foi pior então do que agora é.

E no dia em que a minha pele parece assanhada de vez, vou de urgência saber o que está a acontecer em mim. Claro, o bom efeito do tratamento, penso. E depois, venho a saber que o sol e a luz são nesta fase os malfeitores. Ai de mim, se estiver perto da luminosidade que venha de uma qualquer janela. O passageiro clandestino a assumir outra personagem inimiga, que por acaso começou por me irritar. Mas logo acabou o rancor, quando percebi que para guerra, guerra e meia. Sossegou-me a médica, a inspecionar o meu corpo despido, a confirmar o que acabo de dizer. Antibiótico sem prazo de acabar, pomadas com cortisona, protetor total na pele, peito coberto e na cabeça um chapéu de grandes abas. Compro o dito, de feltro, já preparada para usar um outro, de palha, em tempo de primavera.

Exploro a minha pele tingida de vermelho-vivo, sem vergonha das pessoas. Algumas olham-me com alguma curiosidade, para a maioria sou transparente, invisível, inexistente. Olham mas não veem. E nas que veem, há aquelas que me consideram, adivinho-lhes o sentimento, reparam em mim com alguma pena. Acho-me uma excêntrica inglesa, ou americana, as pessoas acham graça ao visual. Vai passar. Antes assim. E eu, que desde que me conheço tanto me ofereci ao sol, sou agora obrigada a fugir dele. Descubro o verso de Gastão

Cruz, aqui o escrevo, os poetas sabem as palavras de dizer: "Essa vaga de fogo reconhece/ A luz interior do mar/ E o meu corpo" (Gastão Cruz, *Poemas Reunidos*. Lisboa: Publicações Dom Quixote, p. 358).

O confortável anonimato que me permite admirar o mundo feito corpo e face, feito gesto e forma. Anonimato que nos permite ser natureza humana, só, esquecidos os privilégios, as distinções, os códigos de classe. Nesta verdadeira revolução existencial, olho com atenção os homens e mulheres à minha volta, em estado de espera. Na imensa sala onde nos sentamos, lado a lado em moldes de geometria, eles à minha frente desfilam às centenas, de cada vez, lentamente se movem, sem pressa, percebo que para todos e todas a medida real do tempo deixou de ter importância, assim como para mim. A medida decorre da voz em alto-falante que chama, do procedimento que é esperado, dessa chamada tudo decorre.

Adivinho-lhes a origem, pelos traços, o desenho da boca, o feitio dos dedos, o calçado gasto ou engraxado, a roupa debaixo do agasalho de rua. Percebo-os na imensa variedade da sua expressão, observo-os na resignação, na serenidade, na submissão, na ansiedade, no sofrimento, na renúncia, no cansaço, na esperança e não acabariam os registros humanos, se eu tentasse enumerá-los não chegaria nunca a um fim. Observo-os e sinto-me sua clandestina companheira. Clandestina, acho eu, que para eles e para mim não há segredo e estamos na mesma barca. Vicentina.

O cadeirão de quimioterapia, diz uma das minhas filhas que é parecido com assento de primeira classe ou de classe executiva em voo intercontinental. Por isso me lembro da viagem no *Alfa* de Lisboa ao Porto que fiz com dois netos, a festejar-lhes os oito anos de idade e a iniciá-los no horizonte da Foz do Douro, no barroco da Igreja de São Francisco, nos passos e pisos da Ribeira, para a pronúncia do Norte. Não conheciam Santa Apolônia e nunca tinham experimentado o trem, mas de aeroportos e aviões sim, sabiam eles. Acharam excitantes os lugares, a arrumação das bagagens, as mesas entre assentos. Sobre o banheiro, opinaram que é igual ao dos aviões. E eu, que não sou dada a choques de gerações, a pensar nas voltas deste mundo ao contrário daquele em que fui criada, o que para mim era novidade à beira da idade adulta já é para eles óbvio e banal nos primeiros anos de vida.

Já que nesta fase, como venho dizendo, eu me sinto com espírito de viagem, em duas medidas de comparação aqui está o conceito, assim ilustrado. A significar também que hoje as pessoas nascem e vivem em convívio com a urgência, a rapidez, a velocidade, o ir e voltar sem pausas, sem demoras, sem tempo de parar para olhar e ver. Assim são as viagens gerais, opostas à minha atual viagem. O conceito de tempo mudou. O mundo de todos, lá fora, corre em vertigem. O meu é de prazerosa demora, curtição de cada momento.

Na sala de quimioterapia onde nos alinhamos, os doentes, tomei o meu lugar, estou plugada por fios fixados entre os recipientes com misteriosas e temíveis substâncias e o cateter no meu peito. Pingo a pingo pingando, as substâncias seguem no mais profundo de mim, a resgatar-me o sangue, num processo que não sei nem hei de nunca saber qual é, como já acima disse. Logo nos primeiros instantes deixo-me invadir pela sensação de cumplicidade com os homens e as mulheres que ali estão tombados, como eu. E aqui, também, eu vivo a descoberta de outros outros e outras. No vocabulário da comunicação, o silêncio, o adormecimento de alguns, o corpo frio de outros, cobertos com uma manta de lã, ou o aconchego da cabeça, em repouso pousada. Tudo parece posto em sossego, mas infinitas minúsculas coisas acontecem, na precisão das enfermeiras, muitas mais são as enfermeiras do que os enfermeiros, no ritual da responsabilidade daquelas tantas vidas, oferecidas às suas mãos.

E uma vez acabado o tempo de cada um no tratamento, à despedida, mais ou menos firmes os seus passos, mais ou menos clara a voz, há o desejo universal em duas curtas e novas palavras: "As melhoras".

O pensamento é livre, avança e foge, impõe-se, puxa por mim como se eu fosse criança sem tino nem destino. Inventa parentescos, associações de ideias, lembranças há muito guardadas. Não se preocupa com o risco de me levar ao absurdo. E por causa dele tenho eu provocado risos de aplauso e muitas vezes caras tortas de desaprovação. O que, confesso, não me preocupa absolutamente nada. Admito que, para uma parte da gente que me conhece, eu sou bizarra, irreverente, ando fora dos eixos, da fala correta, da atitude que deveria ser discreta, própria da minha idade e educação.

Bem gostava eu de saber por que é que, falando de câncer, sou levada a lembrar-me das provas de vestidos com a Carolina, costureira de casa em Alcochete, intermináveis sessões sempre marcadas para a hora do lanche, a interromper-me a liberdade imensa dos campos em época de Páscoa ou fim de férias. E mais, lembro uma passagem de modelos de alta-costura em Paris, Jacques Heim era nesses anos 60 uma referência de moda, não esqueço os rituais do desfile, muito concretamente destinados a umas poucas senhoras atentas aos pormenores, interpelando a autoridade principal na passarela, Madame Hélène, tantos anos passados, não lhe esqueci o nome.

E lá vem a associação de ideias, entre um vestido de alta-costura e um câncer. Câncer é doença sob medida, personalizada, absoluta e individual, assim como para que uma *toile* se transforme em vestido, cada alfinete exige a certeza absoluta no traçado do corpo, no cair da prega, no rigor do remate. Câncer exige admirável precisão científica, na combinação de cada substância que irá regenerar a vida. Absurdo e menor será este raciocínio. Mas por que não passá-lo assim, em confidência? Para dizer que a liberdade de pensar não tem limites, como proclamava o meu querido Luiz de Freitas, Mr. Wonderful, enquanto festejávamos o Centenário da Abolição da Escravatura, no Brasil. Liberdade foi para ele, moreno mulato, tingir o cabelo de louro platinado e desfilarmos nessa madrugada de Carnaval, na Estação Primeira de Mangueira, nossa escola de samba do coração.

Um dia destes, saiu-me de repente uma outra associação de ideias, que provocou alguma inquietação a quem me ouviu. Uma vez que os meus dias e as minhas semanas têm sido comandados, na verdadeira acepção da palavra, pelos procedimentos que me são marcados no hospital, passando eu horas sem fim, até prazerosas porque me fazem sair das rotinas comuns, dei por mim a comparar-me com as moças de bordel, as garotas de programa, as prestadoras de serviços sexuais. Uso estas corretas designações para não chocar as pessoas com a palavra "puta", mais adequada à minha ideia, mas ainda hoje obscena, quando pronunciada em conversa de salão.

Ser prestadora de serviços, oferecendo o meu corpo ao que seja exigido no hospital, é essa a ideia. Nestes trâmites, comparo-me às meninas no bordel, vejo uma delas a brincar com jogos no celular, uma outra a olhar para o programa da tarde na televisão sem som, outra a fumar um cigarro, outra a folhear uma revista, outra de olhar vago, a não fazer nada, encostada a umas almofadas. E imagino a dona da casa, a chamá-las conforme a demanda e as encomendas, serviço curto e rápido ou completo e demorado. Assim, mal comparados os termos da questão, me sinto eu, quando ouço uma voz de alto-falante a chamar-me no hospital. Serviço rápido, uns exames, serviço completo, a quimioterapia de tarde inteira.

Ou seja, nesta presença *full time* por conta dos meus tratamentos, sinto-me cadastrada por uma boa causa, a minha vida. Como que igualada aos malfeitores castigados com termo de identidade e residência, não me devo mover nem afastar, não tenho abertura de geografia ou sequer fantasia de outra distração. E ai de mim se me esquecer da data ou se falhar a hora, que logo alguém me há de telefonar a corrigir o erro. Como se eu usasse uma pulseira eletrônica, as maravilhosas pessoas que cuidam de todos nós, os doentes, sabem de mim.

Dou por mim surpreendida, meio inconsciente. Nestes princípios, tenho tido visões. Que não me incomodam nem me assustam, mas que de vez em quando, se vagamente me vêm ao espírito e as recordo, me dão uma sensação de espanto e estranheza. Não sei como explicar. Para quem não é santa nem asceta, que fenômeno é este? Consequência de tratamentos? Se calhar. Não sei as malandrices das substâncias, e tudo é possível quando o corpo anda à solta e com ele arrasta a mente, agora libertina.

Sou capaz de ser eu outra vez, não sendo. Acontece-me entre adormecer e reacordar, entre um estado de vigília semi-inconsciente, um meio sonho quando as minhas mãos se enrolam no meio do corpo ou se aquecem entre as coxas, confortadas no calor da cama quente em noite de inverno. Não penso, não desejo, não sinto, não tenho consciência de ser. Os meus olhos compensam-me, os olhos virados para dentro de mim assistem ao espetáculo de luzes e cores, de pessoas perto e longe, gente que conheço e se acerca. A cara colada aos meus olhos é redonda e afina-se, como uma massa de bolo a escorrer da tigela onde os ingredientes, bem misturados, descem com segurança para a assadeira. Aparecem-me corpos que dançam ou talvez voem, pouco a pouco tornam-se esguios, o azul, o verde, o vermelho, o amarelo tingem roupas leves e soltas, quase transparentes. Estas figuras escorrem e vão-se embora para lonjura indefinida, apagam-se para dar lugar a outros e outras, que assim passam por mim.

Tudo me parece tão verdadeiro, que não imagino sonho ou fantasia, estou esvaída e desvanecida com este fantástico mundo de imagens. Em outras ocasiões, e ainda agora, às vezes, no mais escuro da noite, tantas vezes me tem acontecido acordar com uma frase, uma ideia, uma palavra, acender a luz de cabeceira e logo anotar, à toa, o que me inquietou o espírito. Porque a criação não tem hora nem medida, nem descanso, acontece lá bem no fundo de mim, disfarçada de não existir. As visões ou alucinações de que falo são bem diferentes, só têm de semelhante este estado meio desacordado, em horas indefinidas da noite.

Procurei e procurei quem dissesse sobre estes inexplicáveis fluidos, que dentro de mim, sempre clandestinamente, se encadeiam sem tom nem nexo, por puro prazer ou capricho da natureza. No *Livro do desassossego*, há as pausas entre sequências, que Bernardo Soares vê e escuta, enquanto eu, diferente, lhes assisto em silêncio: "Haviam crescido os intervalos entre as coisas, e os sons, mais espaçados de uma maneira nova davam-se desligadamente" (Bernardo Soares, *Livro do desassossego*. Lisboa: Ática, 1982, p. 113). Tomo o texto do desassossego, confortada pela maravilhosa extensão da palavra que descreve e diz tal e qual o que me acontece: "E na própria composição do espaço uma inter-relação diferente de qualquer coisa como planos havia alterado e quebrado o modo dos sons, das luzes e das cores usarem a extensão" (p. 114). Mais ainda, daí a pouco dizendo que "Nada era definido, nem o indefinido" (p. 115).

E agora vem o sossego, maravilhosa calmaria interior, o modo de dizer tão diferente, tão português, tão universal: "Com uma lentidão confusa acalmo. Entorpeço-me. Boio no ar, entre velar e dormir, e uma outra espécie de realidade surge, e eu em meio dela, não sei de onde que não é este " (p. 280).

Também encontrei no pensamento do filósofo José Gil outras palavras para dizer que o *Livro do desassossego* "põe em relevo a consciência crepuscular que abre um espaço de visões. Nesse espaço aparecem sensações que se desligam umas das outras, aparece um movimento de vaivém que é o desassossego, que atravessa todo o mapa dos afetos" (III Congresso Internacional Fernando Pessoa, 28 de novembro de 2013). José Gil enunciou um devir, uma inconstância, uma inquietação, uma intranquilidade. "É um desassossego fecundo", este que se apodera de mim, nas vezes em que balanço, desacordada, sem saber sequer onde estou. Serão estas imagens de caminho para uma eternidade de beleza transfigurada?

Mais do que a ser eremita no deserto, vejo-me nesta nova pele como se estivesse na China a aprender mandarim. Não conheço os caracteres, não tenho a voz colocada para aqueles sons, e nem a fonética, nem a linguística, nem os pontos de articulação que aprendi em anos de universidade me servem para interpretar estes códigos que não sou capaz de acompanhar.

As pessoas que se julgam entendidas nestas matérias de doença descrevem casos bem-sucedidos, enunciam siglas para laboratórios, tratamentos, remédios. Põem-se a falar comigo, eu finjo prestar-lhes a maior atenção e até tentar guardar aquelas palavras, mas mal sabem esses entendidos que para mim elas não querem dizer coisa nenhuma.

Fala-se em fígado, metástase ainda é um palavrão para mim, cirurgia é coisa desconhecida, e já o coro de vozes sabedoras, como consolo, garante que o fígado se reconstitui, volta ao tamanho normal, incha como pão dormido dentro de água para uma açorda. Daqui a meses pergunto ao meu doutor oncologista como é, e em três palavras ouvidas percebo que não é nada disso. O fígado não cresce, trabalhará e bem, é esse o seu dever, depois de passado o que tiver que ser passado.

Nesta fase de quase um ano acontecido, é numa manhã de espera no hospital que o senhor António de Santarém conta verdades, em modo certo e popular diz as coisas, o corpo é para ele a intimidade da dor e o alívio da não-dor. O senhor António tem uma grande parecença com o ex-presidente francês François Mitterrand, vá-se lá saber por quê. A mesma altura, o mesmo nariz e boca e careca, apesar dos olhos mais vivos e da pele mais animada, fala da esposa, feliz no casamento. Entre ele e eu, um casal. Vai soltando discurso, animado, à espera do resultado dos exames e da consulta, ouço e anoto o que diz, embalada nas revelações, se calhar entende mais da vida e da morte do que tantos eruditos por aí:

"Só o rim esquerdo é que não se sabia se ia para a rua. Isto é uma coisa que não dói, a gente não sabe. Isto é como num carro: mexe-se numa peça e outra e outra, você está a ver o chassis mas não está a ver o motor. Tenho levado desde novembro de dois mil e dez. Apanhei infecção nos pulmões, na coxa, no rabo, tive de ser operado. Via tudo rodar. Os pés parece que têm um saco de areia, a boca parece papel, no inverno é pior. Às vezes a gente quer fazer força contra ela mas ela quer dominar a gente. Eu nunca desanimei, nunca me deixei ir abaixo. A gente não pode esmorecer, só vai quando tiver que ser."

O senhor António é chamado e volta, daí a pouco, de sorriso aberto: "Tudo bem". Os exames, os olhos a pular de contentamento. Dá uma saudação de mão na testa a quem fica. Volta o silêncio, todos vamos de viagem neste trem.

Voltando atrás, deixando agora correr o pensamento, e sem um nexo lógico e obrigatório entre o mandarim e o senhor António e Jorge Amado, já estou com Jorge na *Navegação de cabotagem*, intencionais memórias, um dos seus livros de que mais gosto. Nesta página, Jorge ajuda-me a mostrar essa maneira invisível de divertimento silencioso e solitário que os parceiros de conversa não percebem nem nunca hão de perceber. Não quero, de maneira nenhuma, aqui ofender as boas almas que nestas circunstâncias vêm falar comigo, cheias de boa vontade e de compaixão, solidárias. Só tento encontrar modo de descrever a minha reação. E assim, explorando os contrastes, permito-me reler o que diz Jorge Amado, a propósito daqueles que um dia tiveram a sua estima e a perderam: "Encontro na rua um desses fantasmas, paro a conversar, escuto, correspondo às frases, às saudações, aos elogios, aceito o abraço, o beijo fraterno de Judas. Sigo adiante, o tipo pensa que mais uma vez me enganou, mal sabe ele que está morto e enterrado" (Jorge Amado, *Navegação de cabotagem*. Mem Martins: Publicações Europa-América, 1992, p. 17).

No meu caso, não matei nem enterrei nenhuma dessas boas almas. Tento dominar a impaciência, e até por isso me acho bem melhor de feitio nesta fase da vida. Secretamente, ouço-as como se não estivessem ali. Ensaio um sorriso, um tom de gratidão, talvez um beijo, um abraço. Sem palavras, porque do meu lado não há nada a explicar. Estou ainda em início de mandarim, muito no início.

A vizinha admirada porque lhe anuncio dois amáveis cânceres. Fazer o quê? Dizer o quê? Lamuriar, chorar, gesticular, tapar a cara, esconder os olhos, levar as mãos à cabeça? Não. Nada disso. Ter a certeza da fé, a consciência dos privilégios, agradecer. Ou melhor, dar graças a Deus.

Olhando o que se passa à minha volta no hospital, a maior parte das pessoas doentes não tem trânsito, ou seja, não consegue um espaço de expressão, não sabe como comunicar, não tem condições para se mover, não tem dinheiro para pagar um táxi, um conforto, uma comodidade. Quase todos que ali estão sentados têm alguém que os acompanhe, mas muitos estão sozinhos. Tantos parecem tão fracos, tão doentes.

A face exposta da doença desmonta os poderes dos homens e a suposta feminilidade das mulheres. Os casais. As famílias. Pais e filhos. As amigas. Adivinham-se as tensões antigas, assiste-se a um sentimento de trégua ou de paz, há o cuidado de trazer uma água, alguma coisa leve para comer, há o cuidado de segurar um saco menos leve. Há gente encostada a um ombro, adormecido o cansaço.

E eu privilegiada me sinto, porque tenho Deus e nunca estou só, mesmo sozinha. Há os irmãos, os filhos, os netos. Os amigos e as amigas. Sou povoada e agradeço por isso. Tenho cama e mesa. Tenho casa e roupa de vestir. Sei ler e escrever. Sei as palavras e as entoações para dizer a zanga, o amor, a raiva, a gratidão, o pensamento que corre. Como diz a minha amiga Ana Vicente, o que fiz eu para tanto merecer?

Logo que tive a confirmação da minha doença, pensei na bênção dos doentes. Em outros tempos, e ainda agora para os tradicionalistas, dizia-se extrema-unção, ou últimos sacramentos, porque significava o atestado de passagem imediata para a morte. Havia cenários roxos, a anunciar a pretura, o luto, o nojo que a morte, ceifeira, já instalava como preliminar do ato nas casas de família. Fui ver os textos antigos, li a insistência no mal cometido ao longo da vida, li o peso do pecado, a promessa de redenção para os bons e a pena perpétua para os maus, o arrependimento, a responsabilidade de quem está perto de nós, os coitados dos doentes, neste processo de Juízo Final em vida. Hoje, as palavras da bênção dos doentes não são ameaça de fogo do Inferno, mas de súplica para o alívio das dores, para a coragem nas horas dolorosas, para o perdão dos maus passos de uma vida. Pedi ao frei Bento Domingues que cuidasse de mim no ritual. Em casa de uma amiga, ele pronunciou as palavras do sacramento, ungiu-me com os santos óleos, deu-me a comunhão. Comovente e inspirador foi esse momento. Silencioso, o processo seguia dentro de mim.

Não penso nem quero, nem pretendo que esta escrita seja confessional, que tenha sentido religioso ou que o imponha. Mas não posso deixar este pensamento de que, entre os variados acontecimentos recentes, eu me encontro em pleno ecumenismo. Ou seja, estou mergulhada num universo de crentes cristãos, não necessariamente católicos. Os meus amigos gregos ortodoxos dizem-me que rezam por mim, em Atenas: "Estás no nosso pensamento e nas nossas orações".

Na Baixada Fluminense, nos subúrbios do Rio de Janeiro, há uma corrente evangélica de oração pelas minhas melhoras. Chegou-me o livro de um pastor americano, *best-seller* de milhões de exemplares vendidos. *Você vai sair dessa!* com o subtítulo "Deus está ao seu lado mesmo quando os problemas parecem não ter solução". Do Paulo, motorista, vem-me o livro pelo correio, com a dedicatória: "Estamos orando pela senhora, muito".

No outro Rio, Zona Sul, de lagoa e mar, de luzes e brilhos, os amigos e as amigas rezam por mim. Mesmo os que são julgados profanos têm fé em Nosso Senhor, são devotos de São Jorge, de Nossa Senhora do Carmo e de Nossa Senhora Aparecida, de São Judas Tadeu. Da Bahia recebo um *e-mail* em maiúsculas: Todo o axé do Brasil por você, e a lê-lo imagino evoluções dos orixás, rodando no terreiro, lá em Salvador. As minhas amigas belgas rezam. Os meus companheiros peregrinos a Fátima rezam. E à minha volta, quando estão perto parecendo até longe, as pessoas, mesmo as descrentes, dão-me uma palavra de fé para o meu tratamento.

Invadida pelas primeiras notícias da manhã a dar-me conta dos desgraçados distúrbios deste mundo de guerra, violência e morte, acho-me uma abençoada de amor cristão. Assisto ao Iraque, à Síria, à Ucrânia, à Nigéria. E continuo a garantir que sou uma privilegiada.

Divirto-me a surpreender os amigos com ideias estapafúrdias. Porque hei de fugir delas? Toda a gente ri quando eu garanto que agora, para mim (não por dentro, mas por fora), ir ao café da esquina, a cinco metros de casa, é viajar a Paris. Que ir até a padaria, a um quarteirão, é viajar a Berlim. Que ir à costureira, a três quarteirões de distância, é ir até Nova Iorque. Ou melhor, até a Tailândia. Porque quando começo a pensar nessa ideia de viajar, acho que tudo é relativo.

Lembro-me de uma crônica do Fernando Dacosta, que comentava a alternativa de viajar por dentro ou por fora. Se há as *Viagens na minha terra*, por fora, há o livro do Xavier de Maistre, *Viagem à roda do meu quarto*, por dentro. Este, um clássico que conheci quando ler os clássicos me era obrigatório para aprender e comentar. Às vezes, e depois de ultrapassar as primeiras páginas, eu dava por mim a navegar em boa leitura, fora do tempo real. E agora, que ambas as formas de viagem me vêm ao espírito, penso que uma e outra podem ser férteis em impressões. Talvez até a modalidade de viajar por dentro seja mais impressiva, porque à imaginação eu posso acrescentar a internet, que hoje em menos de um segundo me dará todas as informações concretas a acrescentar ao percurso que eu escolher.

Em uma hora ou em uma tarde, posso estar num café ou num restaurante, numa exposição ou num monumento, num museu ou numa biblioteca. Em qualquer lugar do mundo. Sem a canseira dos aeroportos, as esperas dentro dos aviões, os desembarques fora de hora, em cidades ainda desconhecidas. Os continentes tornam-se acessíveis, um safári africano ou uma escalada na montanha, uma excursão no deserto ou um mergulho no oceano são viagens ao meu alcance, e viagens a tudo o mais que eu possa querer conhecer.

No cenário dos meus dias impõe-se a nitidez dos objetos. Agora como nunca, um por um lhes presto atenção, até aos mais abandonados ao longo destes anos. Sei que alguns seguirão um futuro na continuidade da família, muitíssimos estão destinados à destruição, à venda, à perda, à promiscuidade das velharias em segunda mão. Não me pertence o prenúncio desses acontecimentos, com assuntos de tão primordial importância nesta fase.

Na casa, de repente, tudo está definido, tudo tem o seu lugar, tudo pertence ao meu patrimônio interior, desligado de avaliação material, sem registro de banco ou de alfândega, sem nota de peritagem. Os objetos têm a sua história, na história que agora revisito, em reordenação de todas as coisas. Revejo as épocas ou os exatos momentos em que eles se instalaram na minha intimidade. Aquela caixa de rapé, aquela moldura, esta jarra de flores têm uma personalidade, foram seguradas por mãos que eu conheci e me tocaram em alguma hora, mãos que cuidaram de mim. Trazem-me fugazes situações do passado, a sensualidade dos cheiros, a consistência das peles. Ásperas as de servir, macias as da mãe, as das amigas dela, as das visitas da casa em dias de festa. As situações vêm-me nítidas, como iluminadas por um clarão de luz forte, que de repente se apaga.

Deu-me gosto a recente releitura de Maria Velho da Costa, que no romance *Casas pardas* tem a perfeição no dizer sobre uma madrugada em que a Elisa, figura essencial no contraponto de todos os ingredientes da história, aconteceu "aquilo a que convencionou chamar, operacionalmente, a atenção poética, isto é, a minuciosa visão, unidade por unidade e relacional, dos objetos em torno" (Maria Velho da Costa, *Casas pardas*. Lisboa: Publicações Dom Quixote, 3. ed., 1986, p. 380). Elisa encontra-se sozinha por alguns dias, em voluntário retiro de reflexão sobre o rumo que dará à sua vida. Entre sono e vigília, ela é tomada de atenção pelos pormenores das coisas que a rodeiam: "Por toda a casa se precisaram contornos, a orelha escassa de sumaúma de uma almofada, a aresta de um retrato, o prego amarelo de um puxador de porta. Os filamentos de uma lâmpada elétrica ligada pareceram-lhe muito surpreendentes" (p. 379). Tal e qual, dou por mim concentradamente distraída a olhar os contornos, os meus, aqui.

Pertenço a uma geração nada minimalista, em que não se economizava a exposição dos objetos. Veio uma fase em que muitos deles escondi em armários, para aligeirar a decoração e aliviar a limpeza do pó ou o abrilhantar das pratas. Ainda hoje, em casa de amigas mais dadas a estas artes, eu admiro a perfeita arrumação de todas as peças, encostadas em nichos, pousadas nas cômodas, encaixadas em espaços que desde o princípio lhes terão sido destinados. Quando me acontece, sinto uma espécie de proteção, um aconchego. Enquanto admiro a serenidade que estes cenários me passam, acho que eles fingem uma segurança que deixou de existir neste nosso novo mundo em mudança.

Estou num retiro espiritual, relação libertadora com o transcendente, como dizia o António Alçada Baptista. Relação para mim libertadora de pequenas rédeas de circunstância, minúsculos apetecimentos, reações a coisa nenhuma, desperdícios existenciais. Gestos que são ínfimas bolsas de vazio, e que sem disfarce sinto quando às vezes chego ao fim do dia e tudo me parece ter sido desnecessário. Agora não.

Neste retiro encontro-me refazendo prioridades, reordenando importâncias, percebendo a urgência do tanto que é preciso fazer, destinar, decidir, e que não se faz quando o tempo escorre como areia e se guarda para outro dia o que se deve fazer hoje. Responder a *e-mails*, a mensagens, escrever cartões ou cartas, as obrigações que tantas vezes adiei e a que passei a dar importância quando percebi que quase todos os assuntos são vitais. Responder a quem telefona, a saber de mim.

Na casa haverá milhões, até milhares de milhões de pequenos objetos. Os papéis, os recortes de jornal, os lápis e canetas, os botões, os alfinetes, os restos de tecidos, as xícaras de café, os talheres, as tigelas, os frascos vazios de vidro para as compotas, as caixas de tudo guardar, as embalagens com laçadas de cor. Tenho o vício de nada jogar fora e, de repente, deixar-me surpreender por aquela insignificante criatura, escondida na parte mais distante do armário, onde se arruma aquilo que um dia no futuro poderá ser útil. Penso eu, ou pensava eu nesse futuro de utilidade que, afinal, não existe mais.

No meu atual caderno de intenções e encargos, consta que só eu própria me obrigue à destruição, já que ninguém mais sabe o sentido ou o significado de tantas minúsculas coisas.

O que têm estes acontecimentos a ver com o transcendente, ou com a lembrança do António Alçada? O transcendente está, existe, presença constante em todos os momentos da minha vida. O António havia de me apoiar nestas decisões aparentemente sem importância, eu poderia desabafar as minhas perdas ou vangloriar-me das minhas decisões. Também com o António eu havia de discorrer sobre os malefícios do passageiro clandestino, o aproveitador a viajar de boleia no meu corpo, a quem chamaria sacana, a quem insultaria de filho da puta. Calmamente, nós conversaríamos sobre os malefícios destas zangas contra a natureza. E de certeza, ele havia de concordar com Guimarães Rosa, que em algum momento garantiu: "Medo mistério. O senhor não vê? O que não é Deus é estado do demônio. Deus existe mesmo quando não há. Mas o demônio não precisa de existir para haver" (João Guimarães Rosa, *Grande sertão: veredas*. Rio de Janeiro: Nova Fronteira, 1984, p. 56).

O conceito de tempo mudou, como eu já disse. Não sabendo exatamente a sua certeza nem a sua medida, nesta desordenada ordem em que me encontro, recorro mais uma vez ao *Livro do desassossego*, que não resisto a citar. Aqui, a escrita de Bernardo Soares segue o raciocínio lógico das três categorias que se enquadram na sua pseudopersonalidade. E assim, enquanto ele reconhece desconhecer o que seja o tempo, vai dizendo por quê, e como se fosse pela mão me leva: "Não sei o que é o tempo. Não sei qual a verdadeira medida que ele tem, se tem alguma. A do relógio sei que é falsa: divide o tempo espacialmente por fora. A das emoções sei também que é falsa: divide, não o tempo mas a sensação dele. A dos sonhos é errada: neles roçamos o tempo, uma vez prolongadamente, outra vez depressa, e o que vivemos é apressado ou lento conforme qualquer coisa do decorrer cuja natureza ignoro" (Bernardo Soares, *Livro do desassossego*. Lisboa: Ática, 1982, p. 174).

As minhas horas são as do espírito e as do corpo, não aquelas que cumpri toda a vida, de acordo com a tradição portuguesa e com os costumes em que fui educada. Almoço e jantar, acordar ou adormecer. Dou por mim às cinco horas da manhã como se fossem oito ou nove, ou vou deitar-me e adormeço às nove horas da noite. Não me imponho regras além das vontades do corpo. Sento-me sem querer saber em que momento da tarde estou, quando leio ou escrevo ou arrumo ou cozinho ou simplesmente não faço nada, no imenso prazer de não ser obrigada a nada, a não ser viver aquela pausa na contagem da vida. No hospital, tanto me faz sentar-me muito demorada na fila de espera, porque a espera é sempre relativa para a certeza de que haverá um tratamento, e porque tudo é uma espera de qualquer coisa neste mundo agitado onde nos encontramos.

Algumas vezes tive esta sensação de não-tempo no campo, pela maravilhosa serenidade e permanência da natureza. A árvore, a verdura, o azul do céu não mudam, só quando sou surpreendida pelas primaveras e outonos, as cores, os bagos maduros, os troncos de verde a rebentar, e de um dia para o outro, a natureza parece mansa, segura, sem tempo. Em outro lugar, do outro lado do mundo, aparece-me este fragmento de Nélida Piñon, a fazer-me repensar a nossa cumplicidade, até neste nosso sentimento de contemplação, tão inspirador: "Da varanda do tempo, ao sorver o chá de ervas, surpreendo a terra, em milagroso átimo, a viver raro instante de quietude. As ovelhas e seu pastor, ao abrigo de quimeras, entretidos com favos de mel, passageiras doçuras" (Nélida Piñon, *O pão de cada dia*. Rio de Janeiro: Record, 1994, p. 20).

Permito-me administrar as conversas ao telefone, sem nunca deixar de responder a quem me ligue para saber da minha saúde, mas economizando as palavras, as repetições de frases, para o precioso usufruto de mim, que tanto me tem ocupado ultimamente. E permito-me rejeitar as horas urbanas de encontro com as pessoas, pedindo-lhes que não venham tarde, que não estejam tarde, que não fiquem até tarde. Inconscientemente, o corpo pede-me que siga os ritmos entre sombra e claridade. Sem o rigor do sol a sol de épocas passadas, descubro novos tempos.

Muito gostaria eu que a definição, a prática, o conceito fossem temas de cidadania, neste depressa das sociedades, em que as vidas das pessoas se desfazem em trabalhos e angústias, sem espaço para o amor. Sem a invenção dos vazios que lhes possam dar sentido, prazer e paz.

Contam-me casos de gente que não aguenta a ressonância magnética, gente que tem claustrofobia e se sente mal logo que começa o exame. Para quem nunca tenha experimentado, é normal que as pessoas mais frágeis ou que se encontrem em estado de pavor não suportem os guinchos, os apitos, os sons mais ou menos contínuos e sempre agressivos, atirados à toa sobre o nosso pobre corpo ali entregue à mercê de tecnologias avançadíssimas, concretas, impenetráveis. A solidão lá dentro dá, se não medo, respeito. Estamos literalmente nas mãos de um simpático técnico que invisivelmente acompanha o processo. Vinte minutos, em média, que mais parecem nunca acabar.

Puxando o assunto, fui surpreendida pelas diferentes reações de quem já se deitou naquela experimental placa de pousio. "Eu não me aflijo", diz a minha mais racional amiga. A outra, calma: "Eu não penso em nada, fico como se estivesse na minha cama". Outra, assustada: "Eu digo poemas para tentar adormecer". Um extravagante amigo, sugestivo na comparação: "Eu imagino a composição de uma sinfonia dodecafônica". Uma amiga antiga, que duas vezes em uma única sessão fez dois exames, resistiu uma hora e meia de paciência: "Estendi-me, desliguei, aquela música eletrônica nem me abalou". Tranquila, a minha amiga querida dá testemunho de fé: "Eu rezo". Diferente, o senhor Ernesto, de Arruda dos

Vinhos, sentado ao lado da esposa na sala de espera do hospital, conta-me que cair-lhe o cabelo e ainda mais o bigode por causa da quimioterapia teria sido para ele um desastre. Quanto à ressonância magnética, por ali ficou deitado, sem sentir medo nem precisar se mexer. "Ando há quatro anos nisto. Tem de ser", resume, calmo e resignado.

A mim, a experiência fez-me lembrar o *frisson* do castelo fantasma, renovado de cada vez que íamos à Feira Popular, naqueles primeiros dias de junho, a festejar o fim das aulas, começo das férias grandes. Poderá ser um atentado, uma ofensa, um desrespeito à milenar arte que me foi dado viver naquele concerto da Orquestra Gulbenkian, em que a *Sinfonia n.º 1* de Mahler era precedida pela insólita interpretação de um instrumento chinês antigo chamado *cheng*. Como que deslizando, o intérprete criava uma espécie de bailado com o instrumento, que também se ia transfigurando conforme as evoluções do corpo, as posições dos pés, o dedilhar das mãos. Ouvi as extraordinárias notas musicais que ali nasciam e se entrançavam, comecei com estranheza, pouco a pouco aquele universo de sons tomou conta de mim, até se acabar. Por esses dias da nova experiência de ressonância magnética, tenho guardada a boa memória de tantas impressões diferentes.

Na minha iniciação ao estado cívico de doente oncológica, ou doentinha oncológica, como às vezes me defino, já me tenho sujeitado a riscos disfarçantes de pessoas que me acham despropositada por tratar de uma coisa tão séria sem seriedade nenhuma. Ainda há dias, numa reunião de trabalho em que pareci despreocupada demais, fui avisada por um dos respeitáveis presentes, *ipsis verbis*, de que sobre estes problemas não se pode falar com desrespeito nem com leveza demasiada. Estar bem de ânimo e alma incomoda. Ou mostrar que entendemos os desconfortos do corpo como sinais de que lá no invisível há células a desmoronar-se. Um dia e outro e outro. Uma hora e outra em contagem decrescente para um momento desconhecido. Em tudo isto há uma dose de vertigem, como se estivéssemos, o corpo, a alma e eu, a avançar para o precipício, devagarzinho. Só de pensar, sinto um arrepio, parecido com aquele da adolescência, quando a vaidade me fazia pular prancha de três metros em piscina olímpica, nos verões de namorar.

Houve o episódio da minha amiga com câncer grave e galopante em áreas diversas do corpo, convidada a dar um testemunho sobre si própria em assembleia de enfermeiros congressistas. Em vez de lamento, queixa, revolta, indignação, ela proclamou o seu júbilo pela vida, sem contrariar o sorriso, nem o dom da alegria que para todos aqueles que a conhecem é motivo de admiração e amor. Levantou-se e tomou a palavra um veterano enfermeiro, muito zangado e ofendido por ela parecer contente, apesar da sua doença. "Como se atreve?", gritou.

Os portugueses lidam mal com a dor, o sofrimento, a doença, a morte. Sobre a morte ainda não escrevi, todos estes sentimentos são preliminares para passionais acontecimentos, que implicam uma paragem muito séria neste percurso que, além da minha vontade, vai correndo mais e mais depressa. Lidar mal com a dor e o sofrimento não significa que doer e sofrer sejam estados desejados em qualquer hora e qualquer lugar do mundo. Aqui falo da dor física, do sofrimento do corpo, falo das sensações imediatas, primitivas, porque aquelas que ficam cravadas na alma não têm descrição possível, nem registro concreto, nem nenhumas palavras são capazes de alcançá-las. As dores dos lutos, das perdas, das saudades, das sepulturas são medonhos, desumanos silêncios.

Lembro-me da dor do pulso aberto, no colégio, quando tinha onze anos. Lembro-me da dor do galo na cabeça, da ferida a deitar sangue no joelho, da queimadura do sol no corpo, da garganta inflamada. Lembro-me das mil e uma pequenas dores da infância, as dores de dentes, as quedas de patins, as derrapagens de bicicleta, as costas raladas por sebes com picos, o ardor das silvas no campo, a luta de braços com os irmãos, a ver quem torce mais o outro, quem tem mais força, quem tem o mando. Lembro-me das dores de cada mês, quando menina me fui transformando em mulher. As dores de parto não me vêm à memória, como se a natureza me poupasse. Vagamente, as dores do leite a subir, os mamilos quase em sangue e um bebê a mordê-los, com sofreguidão. Sem saber por quê, não sou capaz de relembrar dores físicas recentes. Não sofri acidentes nem desastres, não fui operada, de hospitais e clínicas só conheci as maternidades. Mais uma graça a agradecer, nesta história andarilha entre passado e presente.

Lidar com o sofrimento é prova de coragem para quem assiste e trata, uma enfermeira conta-me que lhe acontece chorar, por compaixão. Reparo nos médicos quando estou no hospital, olho-lhes os passos e os gestos, avalio a importância dos seus talentos e formação em face de tanta gente ali oferecida aos seus cuidados. Vejo os doentes. Os corpos deformados, as magrezas extremas, os olhos vazios, os acessórios que usam para se moverem, para se levantarem de um assento, para respirarem, para sobreviverem. Adivinho-lhes o sofrimento pelo carinho de quem veio acompanhar e dá um beijo, faz uma festa, envolve um agasalho, segura a mão. Apesar de tudo, acredito que a caridade não está separada da alegria, e que ambas se completam em modo de ternura, quando me deixo ir à solta no pensar imaginado.

E vem-me à lembrança a figura do meu pai, quando o telefone tocava a meio da noite e ele se levantava da cama para acudir a um doente, certo e sábio nos remédios, na medida de compaixão. De manhã, sabíamos dele pelo estetoscópio na cadeira do corredor e pelo cachecol de seda desarrumado, aquele de sempre, sinal de uma urgência, caso de vida ou morte, sofrimento de que o pai não nos falava nunca.

Voz de uma querida amiga freira, solidária, compadecida, passa-me por *e-mail* a notícia de um tratamento para o câncer. Imediato, definitivo, eficaz, garante ela. Nada mais do que o suco de um limão com uma pequena colher de bicarbonato de sódio, acrescentado com água, gelo e algum doce sabor. Há seis meses, logo que tive o meu diagnóstico, a amiga com quem falei sobre o resultado da biópsia trouxe-me dois grandes frascos com pastilhas de cogumelos. Duas ao café da manhã, duas ao almoço, duas ao jantar. Antes, durante ou depois? Diz-me que tanto faz, o importante é a ação da mistura das várias qualidades de cogumelos, destinados à matança das células cancerosas. A receita é-me confirmada pelo meu amigo suíço David, filho de pai chinês e muito entendido nestas matérias.

Algumas semanas depois, a minha melhor amiga, ultimamente retirada de me dar conselhos definitivos, aconselhou-me a não ferver os meus tachos e panelas a mais de cem graus, para não retirar o saudável valor nutritivo aos alimentos. Acrescentou que o ideal é comer cru ou cozido a vapor, pelas mesmas razões. Por esses dias recebi o *e-mail* de outra amiga, com a receita de chá de gengibre e a descrição de todos os benefícios desta raiz para a saúde e boa forma das pessoas felizes.

Lá no Ribatejo, uma das mulheres da aldeia diz-me que devo misturar frutas, hortaliças, feijões, temperos, bater tudo aceleradamente no liquidificador. Logo a seguir, e para me motivar, conta-me que uma amiga dela, à custa de tomar tantas batidas, diminuiu e curou um câncer de mama. Uma vizinha, que costumo encontrar no café e que adora dissertar sobre o seu próprio, há dez anos tratado, e os dos outros, declarou que sem mudar a alimentação eu me vou dar muito mal. Porque as carnes vermelhas mal passadas, por exemplo, são o fim do mundo. Daí até enunciar as virtudes dos brócolis, morangos, beterrabas, framboesas, batatas-doces foi um pulo.

E uma outra amiga aperfeiçoou a informação, receitando-me tudo o que seja composto de soja e alertando-me para os perigos do leite, do iogurte, dos queijos de todas as qualidades. Sem falar dos doces, claro, que isso é um capítulo riquíssimo para que todas as cautelas sejam tomadas. Uma prima ameaçou-me com riscos de azia, dor de estômago, má digestão, se comer abacaxi, laranja, tomate. O ácido é horrível nestes casos, a que largamente ela aplicou adjetivos, cada um pior que o outro.

Há dias, alguém me explicou a nova moda alimentar das D-toxinas, as revistas aconselham sucos *detox*, já os vi em preparação nos quiosques de dois centros comerciais. Confesso que não me puxam pela vontade de tomá-los. Não cheguei até a importância da questão. Eu ouço, não digo a nada que não, e ouço com cara e réplica de muita atenção. Ainda tentei. Experimentei a batida de múltiplos ingredientes, temperada de mel, não consegui engolir até o fim do copo enorme, de meio litro, que especialmente escolhi para a função. Comprei uma garrafa de suco de beterraba, caro, numa loja de produtos naturais, e ao fim de um copo despejei pela pia o que sobrou. Doces e bolos, mesmo que me tragam uma fatia de suculento bolo de chocolate ou um pedaço de toucinho do céu, nada de muito açúcar é tentação.

    Estou proibida de tocar em álcool e no hospital fui aconselhada a comer muitas vezes poucas quantidades. Os médicos não me falaram em dieta, porque a regra é obedecer à vontade de comer. Já por alguma experiência ganha, traduzo essa vontade por ordem do corpo. Vou seguindo o curso dos dias, faço os meus pratos com menores quantidades, poucas gorduras, carne, peixe ou ovos completados com brancos e verdes, hortaliças, sopas de muitos ingredientes, fruta. Tudo a lembrar-me almoço e jantar de mesa posta, a família à roda da mesa, a qualidade de vida passava por aí.

Ao meu lado, uma mulher com o marido, quase calados, uma palavra por outra trocada, esperam. Assim como eu, que espero esperando ouvir o meu nome, minha chamada. Por acaso e por segundos, esvaziaram-se as outras cadeiras, seis ao todo, que nem preciso contá-las por já bem lhes conhecer o desenho. De repente, dá-se a alteração do cenário. As cadeiras estão todas ocupadas e eu sou testemunha de pequenas falas de família entreouvidas na sala de espera do hospital.

São doze ciganos e ciganas, três gerações em torno do chefe de família e mais um compadre e uma comadre, chegados diretamente de um casamento no Sul da Espanha para esta ação coletiva e solidária. Encadeia-se uma espécie de pranto partilhado a meia-voz, um de cada vez vão falando frases de pesar e conforto, apelam a Nosso Senhor, todos e todas somos gente de fé ou nas alturas de aflição invocamos o nome de Deus sem ser em vão. O doente, venho a perceber que tem cinquenta e nove anos e que só há dias soube que tem um tumor na cabeça. Homem perfeito, um bigode, mãos esguias, pés grandes, ainda sem sinais de fraqueza física, acha-se de certeza em estado de grande fraqueza moral, como ostenta a posição do corpo. Debruçado sobre as pernas, segura a cabeça, mal responde aos que lhe falam.

Além dele, a mulher tem o cabelo preso e usa uma espécie de avental curto à volta do corpo, com um bolso largo onde guarda a carteira com dinheiro. É ela quem se levanta para ir comprar uma garrafa de água ao marido, não são ali precisas falas para que eu entenda a hierarquia. Senta-se o casal de viajantes e mais duas moças, calçadas de salto alto, saia comprida uma e a outra de calças, brincos vistosos, adereçadas como eu calculo deve constar na sua condição.

De pé, mais seis figuras, quatro homens entroncados e duas mulheres, duas crianças mais ou menos quietas, de mãos dadas com as mães. Ali, ninguém manifesta sinais de pobreza, diria eu nos meus anos de adolescente que a família era de ciganos ricos, naquela altura em que ainda não havia vans carregadas para vendas de feiras e os ciganos pobres andavam de carroça e os ricos de automóvel, a diferença social manifestava-se pelo que víamos nas ruas e nas estradas, conforme as circunstâncias de ver.

Dá-me vontade de saber mais e pergunto ao doente quantos filhos tem. Sete filhos e vinte e um netos. Penso eu que eis um caso a contrariar as nossas tremendas estatísticas de baixa natalidade, entre as menores europeias. Pergunta sem continuidade, já que do lado de lá as falas eram poucas, e porque sendo eu repórter de vida e gente, achei melhor anotar no meu caderno o discurso direto puro, a quente e ao vivo. Tal e qual e em sequência, sem pausas, um de cada vez ia dizendo as suas esperanças e consolos.

"Não há de ser nada", "Deus não consente", "São cuidados muito difíceis", "Complica a vida toda", "Vamos aguentar", "Pode ser que corra bem", "Confiar em Deus é preciso", "Louvado seja Deus", "Então para que serve Deus?", "Você faz a químio e fica bom", "E depois Deus dirá", "Não desmoreça, não desmoreça", "Eu estive noventa e nove dias em coma, olhe lá para mim", "Quando for para o lado de lá ", "Eu vou também", "Maldição?", "De onde?".

E nesta altura gostaria eu de poder conversar, de perguntar, talvez de consolar, dizendo que também eu estou doente, que estamos nesta mesma condição, que os médicos são os melhores, que o hospital é o melhor, que os tratamentos são os melhores e os melhores e que tudo é o melhor. Garantindo que todos nós, os ricos e os pobres, os gordos e os magros, os moribundos, os recuperados, os velhos e os mais novos, estamos juntos e à espera, com a certeza de que ali tomam conta de nós. O que é uma sorte imensa, uma graça a agradecer, um serviço de saúde como este raramente existe nas safadezas deste mundo. Gostaria eu de poder conversar. Mas não me atrevo a lançar ideias, não conheço os códigos, as palavras certas, a linguagem. Sinto-me um pouco culpada por isso.

Não sei se a cultura nos separa ou se a ignorância dos outros é defeito que tenho em mim, nascida nos anos 1940 e formada no desconhecimento do diferente, como se usava. Por muito que ao longo do tempo eu tenha aprendido, acho que fiquei com uma nota muito insuficiente nestas matérias. Mal comparado, recorro uma vez mais à metáfora do mandarim. Teria eu de aprendê-lo, para chegar a estas sabedorias que me ultrapassam. E teria eu de viver num mundo que nos dias de hoje obedecesse ao preceito de São Paulo, diluindo os atritos das diferenças: "Não há judeu nem grego, não há escravo nem livre, não há homem e mulher, porque todos sois um só em Cristo Jesus" (*Carta de Paulo aos Gálatas*, 3, 28).

Sempre de lápis ao alcance da mão quando leio, devoro e guardo, sublinhadas, as frases, os versos, as palavras que de alguma maneira dizem bem aquilo que eu não sei dizer, ou que me emocionam, ou que me fazem sentir próxima daquele escritor, daquele poeta, no entendimento das coisas deste mundo. Atrevo-me, sem disfarçar o absurdo, a ligar esta sensação com uma refeição especial, um almoço ou um jantar que foram verdadeiramente bons e que me tenham deixado um sabor na memória, um tempero, uma conversa que dessa vez aconteceu e que não se esquece.

Assim, e porque me apetece muito falar de amigos, pergunto: o que tem a amizade a ver com poetas e escritores e o que tem a ver com sabores e refeições? Antes de mais, tem a ver com sabores porque a amizade é uma doçura nesta vida, é um prazer partilhado, é um mimo que me faz, uma vez mais, perguntar por que a mereço. Quanto a poetas e escritores, não têm conta os que tiveram inspiração em amizade absoluta, em amizade amorosa, em gostar de alguém que está perto ou longe, que se cruzou num caminho, com quem se viveu um amor, uma história de cama, mesmo fugaz ou passageira, a lembrança fica, o sentimento bom vem, na recordação.

Os amigos e as amigas vão seguindo o meu percurso, muitas vezes são eles a minha memória e outras tantas vezes sou eu a levá-los em pensamento a um episódio do passado, a uma curva acontecida, a um caso que quase tinham esquecido. Ou, como escreve Julian Barnes: "Precisamos dos nossos amigos não só como amigos mas também como testemunhas" (Julian Barnes, *Os níveis da vida*. Lisboa: Quetzal, 2013, p. 92).

Pelo meu pensamento passam, devagar e demoradamente, as imagens dos amigos e das amigas, esses que são testemunhas. Os dias em que nos encontramos pela primeira vez, uma conversa numa viagem de muitos quilômetros por autoestrada, uma festa onde eu não conhecia ninguém e onde de repente ganhei um dos meus melhores amigos, um jantar de improviso num restaurante sem nome, e por três frases trocadas, uma das amigas mais íntimas a instalar-se no meu coração, até a hora da morte.

Amigos para sempre, que vão passando e me fazem recordar uma conversa de praia à beira do mar, em fase de indefinição e conflito comigo própria, ou uma discussão que começou por ser *nonsense* e ganhou sentido, altas horas da noite, num tempo em que sair à noite era emendar madrugadas. Uma sequência de desabafos e confidências com uma convidada em clima tropical, ou com a amiga de um amigo em caminhada na neve, num inverno europeu. O comentário sobre um livro, preâmbulo para descoberta de afinidades, amizade nascente a tornar-se segura, definitiva. As namoradas dos amigos ou os namorados das amigas a quem pouco a pouco passei a sentir como amigas e amigos pelos casamentos há anos consumados. Os pretendentes mais ou menos fugazes, os feios bonitos ou os lindos e talentosos em conversas de inteligência e sedução, que por um segundo estimularam sentimentos de querer bem, quase confundidos com amizade.

As imagens vão passando, e as várias circunstâncias, desde aquela árvore imensa no centro do recreio, onde aos seis anos aquela menina da minha classe e eu ficamos de mãos dadas na fila para entrar na sala de aula, mal nós sabíamos que desde então até hoje somos as melhores amigas. Revejo os anos dos colégios por onde andei e os anos da faculdade, os tempos difíceis, as fases de transformação e crescimento interior, não esqueço as figuras e as vozes que estão comigo e não perdi. Sou boa de memória, sei reconstituir cada história de amizade que me tem animado ao longo da vida. O balanço é bom de peso para este lado, mais do que para as safadezas e as sacaneações de autoria definida. Essas, vou tentando esquecer. Nesta fase de existencial revisão de matéria dada, queria eu poder dizer como o Ruy Belo: "Não quero saber nada nada importa/ Há é gente que acerta gente que erra" (Ruy Belo, *Todos os poemas*. Lisboa: Círculo de Leitores, 2000, p. 629).

Continuo a receber recados, todos os dias, a saber de mim. Hoje mesmo me chegou a mensagem: "Amada. Que bom saber de ti. Essas experiências pessoais fortes são para serem divididas com os outros, sim. Meus melhores pensamentos estão contigo. Beijos carinhosos".

Há uma corrente de vontade positiva pela minha saúde. Na hora de adormecer, rezo pelos que sofrem. E agradeço pela amizade que me tem sido dada, modalidade de amor, construção de uma vida.

As distrações são uma novidade em mim, uma agressão das substâncias que pelas veias me fazem sobreviver porque matam os males, em simultâneo destruindo capacidades que eu sinto como essenciais, por tê-las perdido. Há, também, perdas de memória, agora mais importantes. Palavras que me fogem, nomes que desaparecem, confusão com datas.

Nas distrações, são variados os exemplos. Posso não fixar a atenção em nada de concreto, como aconteceu num dos concertos a que fui recentemente. Eu queria apreciar os instrumentos de percussão naquele concerto de grandiosa orquestra. Olhava para tudo, sem conseguir, desta vez, acompanhar os gestos de um determinado músico, como em outras vezes fiz. Na rotina de todos os dias, há agora coisas que ficam perdidas porque esqueci onde as guardei, talvez no guarda-roupa, na gaveta da escrivaninha, na cômoda do quarto, na casa inteira procuro até que desisto e, de repente, encontro. Há um papel que deixei em cima de uma mesa, acho eu, mas que, em vez disso, misturei com outros que ia rasgar, para jogar fora. Há um tacho que esqueci ao fogo e quase destruí, sem falar do arroz queimado, despejado no lixo. Há o freio de mão que esqueci de usar a segurar o carro, falha que logo corrigi, e a empregada que, sem eu saber, telefonou a uma das minhas filhas, preocupada comigo. Houve o guarda-chuva no táxi, esse perdido, e o chapéu na cadeira do restaurante, esse recuperado.

Há três dias, a distração, em modo de esquecimento, foi mais aparatosa. Depois de tudo pago e posto por ordem, deixei a sacola de compras no caixa do supermercado, já me vinha embora toda contente, quando ouvi uns sons de gente a chamar por mim. Engraçado, todos na fila do caixa ficaram parados, a ninguém passou pela cabeça dar uns passos na minha direção, puxar-me por um braço, tocar-me no ombro, dizer diretamente que a sacola de compras estava ali abandonada. Meus queridos portugueses, tão amarrados ao chão, tão formais, tão embaraçados nos lados práticos de todos os dias.

Se comento os esquecimentos, ou salto por cima de um nome que tenho na ponta da língua e não se solta, dizem-me as amigas generosas de consolo, que isto acontece "por causa das nossas idades". Não digo que não, nesta fase em que, mais paciente, me poupo de contestações. Nem sou capaz de explicar que há, sim, como eu já disse, uma diferença entre quem faz quimioterapia e quem está fora desta cápsula experimental. Porque a novidade me espanta, consolo-me a esperar, e mais do que a esperar, a ter a certeza de que a minha memória vai ficar perto do que já foi e de que as distrações irão embora de vez. Ou em vida retomada ou em morte acabada, todas estas metamorfoses devem ter um sentido e uma razão de ser.

Hoje mesmo, paguei dois euros em vez de um euro e um centavo por uma garrafa de água. Apesar da pouca simpatia, manifesta na sua cara fechada, fiquei agradecida à honestidade da moça ao balcão, que sem complacência me corrige as moedas. Confesso que, para disfarçar a vergonha, peço muitas desculpas e justifico-me pela preguiça de procurar os óculos. Experimento a resignação. Sei que todas estas limitações são possíveis.

Concretamente, estou no primeiro dia depois de absorver o chamado anticorpo, misterioso líquido que me entra no sangue a transformar as células más em células boas. Normal neste dia o nariz a pingar, os olhos nublados, a tonteira que finge voar. E que vai passar. Penso em Dorival Caymmi, pelo que alguém me contou, um dos filhos encontrou um papel ainda escrito por ele antes de morrer: "Passo. Passo. Passando." Guardo estas palavras, que me ajudam a falar desta minha passagem.

Ultimamente, surgem urgências. De estar perto, de trocar ideias, de pensar sobre estas mudanças. Parece que o mundo vai acabar e temos de aproveitá-lo enquanto existe. Tenho-me encontrado com as amigas para almoçar, em casa de umas e outras se conversa, se fala, se contam uns e outros casos. Fico por dentro das mais recentes notícias, as histórias de família, as últimas mortes, os casamentos feitos ou desfeitos, os parentescos, as estupendas sobrevivências de pessoas de noventa e de cem anos, agora e no meio de tantas desgraças, a longevidade está na moda. E, como sempre, sou esclarecida sobre as doenças mais ou menos graves de pessoas que conhecemos, as operações dos seus primos ou parentes, dos seus empregados.

Em um destes almoços, levantei eu uma questão que ergueu contestação e discordâncias variadas à roda da mesa. "Vocês acham que a vida é um vale de lágrimas?" É preciso dizer que todas as amigas são católicas de prática e fé e formação religiosa, e sem erro ou falha todas rezam a Salve-Rainha a rematar o terço, ou a celebrar um momento importante nos rituais da Igreja. "Salve, Rainha, Mãe de Misericórdia. Vida e doçura, esperança nossa, salve! A vós bradamos, os degredados filhos de Eva. A vós suspiramos, gemendo e chorando neste vale de lágrimas", diz a oração que todas sabemos de cor. Feita a pergunta, levantada a questão, manifesta-se a maioria de oito mulheres, já servidas de sobremesa, a acharem que sim, que a vida é um vale de lágrimas.

Eu reajo, não acredito que a vida seja tão má, tão madrasta, tão desgraçada, porque ela própria é um sinal de esperança e de alegria, de boas horas a compensar as horas más, de paz em pausas de guerra. Lá fora ou no meu coração, eu não acredito em lágrimas e lágrimas e lágrimas. Vêm os argumentos: mas há a morte de um filho. A morte do marido, inesperada. A doença do namorado. O flagrante de adultério. O assalto em que os bandidos levam as joias de família, o dinheiro guardado, a terrina de prata.

E eu tenho réplicas. As desgraças, as dores, as perdas, as fatalidades pertencem ao ordenamento de todas as coisas neste mundo. E nesse ordenamento constam os tempos férteis, os sucessos, os prazeres de corpo e de espírito. E recuso-me ao vale de lágrimas gerais, enquanto algumas das amigas vão concordando comigo, sem que as suas manifestações sejam afirmativas demais.

Daí a dias, consolo-me quando leio as palavras do papa Francisco, em dezembro: "A Terra já não é um vale de lágrimas, mas o lugar onde Deus colocou sua tenda, o lugar de sua solidariedade com o Homem". Ou seja, penso eu que esse é o lugar onde toda a nossa natureza humana é consumada. Nos melhores e nos piores momentos, essa tenda abriga-nos do desespero, da confusão, da deprimência.

Depois, vou procurar o porquê das palavras ditas na Salve-Rainha dos católicos. E aprendo que, em 1050, frei Hermano Contracto, um monge raquítico e aleijado, assim exprimiu as suas angústias e ansiedades. Quando as sombras do ano 1000 ainda apavoravam a humanidade, parece-me normal a desesperada invocação. Espantoso é que ela permaneça e seja sentida como se a vida fosse castigo, ameaça, medo de tudo o que de pior possa acontecer. Que sorte eu não acreditar que assim seja, neste meu tempo de reflexão sobre o sentido deste mundo em que nasci.

A presença da morte no acaso das nossas maneiras portuguesas de dizer não impede que o nome esteja silenciado na boca de quase toda a gente. Agora, que tanto falo de vida, não posso deixar de falar de morte. Mas basta-me pronunciar a palavra para ter a língua cortada, a ideia censurada, a fala calada, o assunto fechado. Quando as pessoas morrem, diz-se que "foram" ou que "partiram", raramente se diz que "morreram". O meu amigo grego foi ao Rio de Janeiro e perguntou notícias de um conhecido. "Viajou" foi a resposta. "Para onde?", perguntou ele, formado numa cultura em que a morte, *tânatos*, não é palavra proibida, porque *eros* e *tânatos* são a essência da vida, amor e morte andam juntos entre os deuses e no curso da humanidade. Este é um dos cânones de conhecimento que o mundo greco-romano nos deixou.

Nas vezes em que andei à procura de mim, ajudou-me a certeza de que os antigos estavam mais perto da verdade do que nós, nesta desordem do tempo presente. Por isso mesmo, reparando na resposta, o grego Tassos Kriekoukis e eu tomamos esta ideia de viagem, metáfora de morte, como pretexto de muitas conversas sobre as diferenças culturais, e oportunidade de comentários sobre tão suculento tema, sobre o medo que se associa ao acabar da vida, sobre os catastróficos sentimentos que nessas horas abalam e apavoram a humanidade.

Resolvida a pensar e a divagar pelos nossos pavores em face de um fim certo e previsto, mas em absoluto desconhecido, fui reler *As intermitências da morte*, o romance em que José Saramago imagina um país onde as pessoas estão impedidas de morrer durante sete meses. Diverti-me com todas as consequências dessa realidade social, o alvoroço do primeiro-ministro com o seu ministério, os dramas das funerárias, dos lares de velhos, das companhias de seguros, da comunicação social, que o autor imagina e nos diz. Truculento, Saramago sabe bem a truculência que provoca o riso: "Mal informados sobre a natureza profunda da morte, cujo outro nome é fatalidade, os jornais têm-se excedido em furiosos ataques contra ela, acusando-a de impiedosa, cruel, tirana, malvada, sanguinária, vampira, imperatriz do mal, drácula de saias, inimiga do gênero humano, desleal, assassina, traidora, serial killer outra vez, e houve até um semanário, dos humorísticos, que, espremendo o mais que pôde o espírito sarcástico dos seus criativos, conseguiu chamar-lhe filha da puta" (José Saramago, *As intermitências da morte*. Lisboa: Caminho, 2005, p. 132).

Por decisão da morte ela própria, a certa altura da história a vida eterna é suspensa, e uma carta-aviso passa a ser enviada a cada homem, mulher, criança, doente ou não, em forma de sentença definitiva e fatal. Só que, perplexa e perturbada por tal ousadia em relação ao seu poder, a morte vai ao encontro de uma pessoa que recusa a carta e a devolve. É um violoncelista de orquestra, que ela decide investigar. Para tal, deixa de ser "um esqueleto envolvido numa mortalha, com o capuz meio descaído para a frente, de modo a que o pior da caveira lhe fique tapado" (p. 163), e transforma-se numa esplêndida mulher.

Entre o violoncelista e esta mulher acontece que o amor transtorna a morte. Assim, o leitor do romance chega à última página, ficando a saber que a morte adormece e que no dia seguinte ninguém morreu.

Lembro-me do Millôr Fernandes, quando almoçávamos e ele me disse: "Eu sou um *matchmaker*, porque nesta fase me vejo cada vez mais a ligar ideias e coisas que supostamente não têm nada a ver umas com as outras". Ontem acordei no meio da noite a pensar em José Saramago e nos antigos egípcios, por causa da morte. E o que tem Saramago em comum com o antigo Egito? Para o escritor, a morte foi ficção, para os antigos egípcios, a morte era fé.

Em Saramago, a ficção sobre a vida infinita vai fundo na descrição sobre os interesses comerciais, os conluios de negócios, a exploração dos consumidores, tratados como coisas ou simples números pelos poderes acomodados na estupidez, na maldade, na incompetência. Tudo disfarçado em reuniões corporativas, segredos comprados, mordomias, desprezos disfarçados em formais declarações, fórmulas vazias, em que vale tudo e nada sobra em matéria de respeito pela dignidade dos cidadãos, na sua condição de pessoas comuns. E tudo embrulhado no tom de humor, como se deve ao estilo e à personalidade do autor.

Guardo na memória a minha passagem pelo Museu do Cairo, onde vi uma espantosa amostra dos objetos que acompanharam o faraó Tutancâmon no túmulo. No antigo Egito, os rituais da morte eram matéria de fé. Acreditava-se que, quando o corpo morria, a alma ia para o reino dos mortos e uma nova vida continuava no reino do além, infinita. O corpo era mumificado para garantir a travessia para essa outra vida, em que deveriam estar os objetos que todos os dias fossem usados pelo defunto. Nos livros egípcios dos mortos, estão incluídos os livros das profundezas e os livros das portas e seus guardiães. Descrevem-se os perigos, as peripécias, as dificuldades possíveis no caminho entre a morte e a ressurreição no além.

No tribunal de Osíris, o deus da morte, os mortos são julgados e o seu coração é pesado numa balança, que vai separar aqueles que vão para o paraíso daqueles a quem é recusada a vida eterna. Os mortos só passam para o além se o seu coração e as suas obras forem mais leves que a condenação. Se forem condenados, um animal imaginário come-lhes o coração, porque a verdadeira morte é o desaparecimento do coração. E sendo a morte o passo mais importante da vida para todos, por maioria de razão sempre que morre um faraó é preciso que ele tenha um completo enxoval tumular, digno da sua condição de intermediador divino que irá viver na morte, para sempre.

Na sepultura de Tutancâmon, o faraó coroado aos oito anos e morto misteriosamente aos dezoito, os compartimentos contêm os quase dois mil objetos que o acompanharam no caminho da vida para a morte. O seu túmulo no Vale dos Reis foi o único da era faraônica encontrado intacto, já que as sepulturas dos faraós foram violadas ao longo dos tempos, por causa das riquezas que nelas pudessem existir. O sarcófago de Tutancâmon é o último de três encaixados uns nos outros, de pedra, de madeira, de ouro. Sobre a sua múmia, guardada no terceiro sarcófago, estavam o diadema, a barba postiça retangular própria dos faraós, a máscara mortuária de ouro maciço e, nos dedos, dedais de ouro para proteger as unhas. Este sarcófago, encontrado num dos vários compartimentos instalados no túmulo, é de ouro, está decorado com cenas de combate e caça, e tem os símbolos da realeza, a cobra a evocar o Alto Egito e o abutre, o Baixo Egito.

Entre os objetos encontrados, estão as quatrocentas e treze figurinhas de ouro que representam os criados que devem ajudar e servir Tutancâmon durante a viagem para a vida eterna. O faraó levou quarenta e sete pares de sandálias folheadas de ouro e várias roupas. Nos vasos de alabastro com tampas em forma de animais, foram derramadas diferentes qualidades de vinho. Há vários cofres e uma caixa para as joias. Para se distrair, ele é senhor de barcos para navegar nos mares celestes, e muitos carros. Para se divertir na vida eterna, ele tem um jogo parecido com o xadrez.

Para se proteger do calor e do sol, o faraó pode usar um leque com o cabo de marfim e o nome gravado, e um guarda-sol com dobradiças. Para evocar combates simples, existem várias bengalas com castão, a representar os inimigos. Para descansar, tem camas funerárias, uma delas desmontável, com dobradiças. Nelas, a cabeça fica mais baixa que os pés, para a circulação se fazer melhor no além. A demonstrar a crença dos antigos egípcios, há símbolos para a última viagem e para o descanso eterno. O rei renasce da flor de lótus, símbolo do amor, que aparece a par do papiro, símbolo da morte. O chacal conhece o cheiro do cão, o guardião do túmulo.

O extraordinário é que, três mil e quinhentos anos depois, germinaram sementes de trigo encontradas no túmulo de Tutancâmon. Caso em que, eu diria, a fé desafia a ciência. Casos de ficção ou fé, que me motivam para, mais e mais ainda, escarafunchar os sentimentos nascidos da ideia de morte.

Hoje de manhã, no café, pergunto a uma vizinha: "Como está, dona Palmira?". "Vamos andando", responde-me, como poderia ter respondido, em alternativa, "Cá se vai" ou "Vai-se andando" ou "Vou indo" ou "Está tudo a andar". Na resposta real a esta pergunta tão simples e direta, e em todas as outras hipóteses comuns na expressão de todos nós, há sobre a existência um movimento em câmera lenta, uma pequena progressão, um avanço de espaço, em vagaroso gerúndio mental. O tom de voz é de nenhuma animação e de tristeza não disfarçada, a resposta costuma ser dita em voz baixa. As manifestações de alegria nem sempre são bem-vindas, sobretudo quando acompanhadas de gestos ou de gargalhadas, já que a contenção é uma das regras impostas às pessoas bem-educadas e de bom gosto quando falam umas com as outras. Além de todos os preceitos de comportamento, os tempos atuais de austeridade são sofridos e a energia positiva não tem vez em duas simples frases de conveniência trocadas logo de manhã no café da esquina.

As duas frases trocadas hoje de manhã, na fase de câncer em que eu estou, levam-me à ideia de peregrinação, à metáfora da travessia entre o recheio concreto dos meus dias e a utopia do reino de Deus neste mundo, já que o reino de Deus depois da morte não é para mim fantasia, mas certeza.

A resposta da minha vizinha dá-me vontade de rever as imagens das minhas próprias andanças, das etapas ultrapassadas, das mulheres e dos homens que mais ou menos perto fui cruzando. Aqueles que continuaram, a par e passo acertado, e os outros que seguiram outros percursos, os companheiros acidentais, as emoções passageiras. Gosto do improviso possível na rota da caminhada, tal como leio em Nélida Piñon: "O ser humano é um peregrino. É só na aparência que ele tem uma geografia" (Nélida Piñon, *O pão de cada dia*. Rio de Janeiro: Record, 1994, p. 117).

A geografia que Nélida põe em causa, sendo ela uma mulher de causas, acho que é a rotina instalada nos passos sempre certos das pessoas que não alteram a sua direção até um fim determinado. Volto à ideia de aventura na peregrinação para falar do encontro com os outros, do prazer de saborear os cinco sentidos, do improviso que pode ser surpreendente. A aventura de pisar a terra, de sentir o chão firme debaixo dos pés, em grandes momentos de silêncio, é uma exploração sobre o que sou, de verdade. Como escreve o António Alçada Baptista, que por causa destas reflexões aqui lembro: "A todos os níveis ando a fazer a minha peregrinação interior porque deve haver alguma razão para que certas coisas aconteçam sem que eu saiba como nem porquê" (António Alçada Baptista, *Peregrinação interior*. Lisboa: Uranus, 1982, p. 24).

Em simultâneo, a peregrinação na serenidade de cada momento vivido é uma sequência de passos largos, quando a caminhada propõe desvios e atalhos inesperados, sem eu esquecer que ela tem um motivo e um destino, quando já ganhei um ritmo, quando as paradas para descanso são merecidas, quando há uma alegria no ar, quando por tomar um simples gole de água ganho forças para continuar a etapa seguinte. De certa forma, pelo relato que aqui faço destas minhas minúcias do cotidiano, eu poderia dizer, como Alçada "que tudo continua ininterruptamente ligado pelo fio da vida que é a nossa e que por esse fio se distingue das histórias dos demais". E justificar-me, como ele, dizendo que pelo "relato necessário duma peregrinação pessoal, não pretendo ser exibicionista, se bem que viver é também ser capaz de perder um certo pudor" (p. 25). Neste último ponto, eu não concordo com ele. Sempre devorei a vida sem esforço de disfarce ou pudor, com absoluta vontade e consciência experimentei situações e sabores de liberdade. Por isso tenho a barriga cheia, costumo dizer.

No meio da agitação exterior, do telefone que toca, do celular que perdeu a bateria, da conta a pagar, do *e-mail* urgente, do carteiro que entrega pacotes ou cartas registradas, das notícias da manhã, da organização doméstica que implica padaria e supermercado, continuo, seis meses passados, a viver num mundo paralelo, em que desejo momentos de sossego e reflexão. Tenho lido muito sobre vida e morte, como já disse vou parando nos poetas, nos escritores, nas memórias, nas autobiografias, curiosa sobre as variadas sabedorias e as maneiras de dizê-las, na escrita que permanece.

Sou capaz de imaginar, como em imagem animada, a cena em que Carlos Drummond de Andrade se vê, em modo de poema, comovente e próxima, feita de saudade e doçura, a dizer o definitivo reencontro: "Todos os meus mortos estavam de pé, em círculo,/ eu no centro. [...] Nenhum tinha rosto. O que diziam/ escusava resposta [...] Notei um lugar vazio na roda./ Lentamente fui ocupá-lo./ Surgiram todos os rostos, iluminados" (Carlos Drummond de Andrade, *Nova reunião*. Rio de Janeiro: José Olympio, 1983, p. 419).

Na história em discurso direto do antropólogo Darcy Ribeiro, sábio sobre índios brasileiros e questões de educação, que esteve exilado no Uruguai durante a ditadura militar e foi vice-governador do Rio de Janeiro já nos anos 80 do século passado, descobri afinidades com a fase em que me encontro. Em Paris, onde estava por uns dias, foi hospitalizado de urgência e soube que tinha câncer. Daí, foi para o Rio de Janeiro, com especial autorização de entrada por ser exilado político, porque no Rio queria ser tratado. "Viajei tranquilo, aproveitando as longas horas de solidão para pensar-me a mim mesmo, como destino. O que fora, o que fizera, o que seria e faria" (Darcy Ribeiro, *Confissões*. Rio de Janeiro: Companhia das Letras, 1997, p. 431), escreve Darcy sobre a noite passada no avião. Descontando todas as diferenças, posso dizer que assim me sinto. A minha invenção de agora é o tempo de silêncio e quietude, sem que nada nem ninguém se ache excluído de mim.

Assim, discretas, sem separações definidas, as etapas do tratamento vão seguindo. Preparo-me, passados os procedimentos já conhecidos, para uma cirurgia, a curto prazo marcada. Cirurgia complexa, pelo que consigo entender, mas que será bem-sucedida, no que espero e acredito. Elogiam-me muito as pessoas, seguindo sempre aquelas alegorias bélicas que, pelo visto, não são impulsos de simpatia mas adjetivos aplicados a quem esteja doente de câncer, sem queixa nem revolta. Assim, dizem-me corajosa e não medrosa, forte e não frágil. Telefonam-me, sem saber as palavras certas, digo-lhes como é bom nos gostarmos tanto. Ainda agora, o rapaz do café me segredou, com dois beijos a rematar: "A senhora é um espetáculo!" A amiga que o ouviu, daí a pouco insistiu: "Quero plagiar o homem do café: és um espetáculo!" Eu, agradecida, não sei como responder.

E de longe chegam-me mais recados, porque desde sempre nos sentimos perto. Os brasileiros acreditam, até os descrentes: "Querida, penso em ti todos os dias. Penso, rezo, converso com os meus – nossos – que estão lá em cima. Tudo vai dar certo porque você merece muito, muito. Um beijo enorme, cheio de força e axé". Ou, em outras versões de carinho: "Vai dar tudo certo. Eu e todos os amigos estamos juntinhos de você. Beijo", "Amiga, querida, lamento tanto não estar em Lisboa e fazer-lhe companhia, levá-la a passear, enlaçarmos nossas memórias brasileiras e portuguesas". E de conselho: "Cuide-se muito. Estarei rezando para que saia bem e revigorada da próxima cirurgia". A consolar-me de todos os males possíveis, acompanhando-me na viagem, os amigos e amigas caminham comigo.

Hoje mesmo, silenciosamente, descubro que daqui a pouco eu vou ser objeto e não sujeito de ação. Haverá vozes à minha beira que não posso ouvir, ferramentas que não vejo, cortes que não sinto. Virada e revirada, mexida e remexida, o meu corpo não terá mistério e será dominado por outras ordens que não a sua própria. E nem a minha vontade poderá impor-se em absolutamente nada, já que a consciência estará desaparecida. Estreia absoluta, experiência a acrescentar às peripécias de travessia, espero que o passageiro clandestino desapareça, dona de mim quero ser.

Telefonou-me uma prima a comentar os cuidados ao jazigo de família, as suas idas ao cemitério com ajudas para limpar, varrer, compor as toalhas de linho, polir a cruz que a tudo preside. Esta parte de limpezas é acrescentada com a lembrança dos nossos defuntos e a sua ordem de arrumação em camadas ou andares desde o térreo até os subterrâneos. A prima diz-me que o meu irmão morto em criança precisa de cobertura nova sobre o caixão, a antiga está puída, e, definitiva, acrescenta que nós, coletivo familiar, não admitimos ali nenhum desmazelo. Claro que para corrigir a falha logo providenciei uma toalha de mãos herdada de casa dos meus avós. Um metro de comprimento chega, tinha-me dito a prima ser suficiente como medida, o caixão branco de anjos era tão pequeno, ouço-me dizer, no meu silêncio interior.

Estando o assunto longe das minhas atuais preocupações, sem querer tive uma espécie de regresso a ambientes de infância, quando havia festas ou Natais e todos se reuniam. E lembrei-me da palavra "jazigo", que cedo aprendi. Experimentei então lançar-me numa insuspeita investigação por telefone. Fiz uma volta grande por amigos e conhecidos sobre uma questão que me parece recorrente nas famílias. Perguntei-lhes se lhes acontecia serem pequenos e ouvirem dos mais velhos a frase "Onde é que está a chave do jazigo?" sempre que algum enterro ameaçava acontecer. As tias-avós eram majoritariamente as protagonistas da situação, nessas alturas, os primos e primas afastados, e nas horas decisivas, os avós. As respostas confirmaram que sim, o assunto era recorrente, e eu sosseguei, por pensar que a minha reminiscência dessa pergunta está certa e não é uma consequência do estado de fragilidade em que me arrisco a estar.

Mais uma vez me vêm reminiscências de outros tempos que vivi, quando as sextas-feiras da Semana Santa obrigavam a luto pesado e até o meu pai, descrente convicto, usava terno escuro e gravata preta. Obedecendo aos costumes estabelecidos, até ele assim respeitava a Via Sacra de Jesus, caminho da Paixão.

Perguntam-me se tenho medo de morrer. Digo que não tenho medo da morte, mas sim da decadência, da demência, do sofrimento. Se a sinto mais perto agora do que antes de me saber doente? Naturalmente que sim, respondo, não por causa da doença, mas porque já vivi um tempo suculento de vida. Em Eugénio de Andrade encontro as palavras de calmaria que em poesia alinhadas me confortam, versos chamados jogo do gato e do rato, a sugerir esta minha aventura como uma espécie de jogo ao desafio: "Não tenhas medo:/ nenhum rumor,/ mesmo o do teu coração,/ anunciará a morte;/ a morte/ vem sempre de outra maneira,/ alheia/ aos longos, brancos/ corredores da madrugada" (Eugénio de Andrade, *Poesia*. Porto: Fundação Eugénio de Andrade, 2000, p. 122).

Os meus tempos recentes têm sido marcados por notícias de doenças e mortes sofridas e pranteadas, nas minhas agendas de telefones eu não apago os nomes, mas acrescento uma cruz ao lado de cada um, e assim os recordo, página por página em ordem alfabética. Várias vezes ao longo dos dias tenho relembrado a resposta de João Bénard da Costa a uma jornalista. Já doente de câncer sem ninguém ainda sabê-lo, quando a jornalista lhe perguntou que projetos eram os seus, a curto prazo, ele disse: "Ver Deus". Em duas palavras, a certeza da vida para além da morte, vida ressuscitada, contemplação. Por isso, também acredito que, depois de morrer, o António

Alçada Baptista sabe as respostas para todas as perguntas que a vida inteira fez. José Tolentino de Mendonça alerta para "o medo crescente de que num mundo acelerado não exista afinal ninguém nem coisa nenhuma que nos espere" (*Expresso,* 1º de março de 2014). No pensamento do teólogo Anselmo Borges, a resposta que dá força e alento é uma afirmação de fé. Ou seja, nós não morremos para o nada, mas para o mistério da vida plena de Deus, o Deus que é amor e misericórdia. À minha volta, vou recebendo os recados e ouvindo as palavras, são raros aqueles que recusam uma dimensão superior para o fim da vida, e conheço poucos que não a respeitem. Quase todos falam em rezar.

Naturalmente, no mais fundo de mim se agitam estas definitivas questões. Sem drama nem angústia, nem sofrimento. Os sentimentos sucedem-se, ao longo dos dias em que tudo acontece, quando formalmente nada acontece. A um amigo, também doente de câncer, com quem conversei, dizia eu: "Tenho pensado nos meus mortos". E ele: "Estamos entre vivos e mortos". Eu: "Os mortos estão perto de nós". Ele: "Não sabemos o que Deus nos reserva". Eu: "Tu imaginas como é?". Ele: "Até há algum tempo eu imaginava o Deus da infância que nos recebe e nos vai julgar. Agora, imagino o infinito da criação, a beleza, as cores, o ciclo da vida é a própria natureza". A esta imaginação que torna possível um infinito de hipóteses, porque tudo neste plano está em aberto, acrescento a pergunta de Portinari, o pintor, que assim questionava o desconhecido: "A morte será colorida? Qual a cor do outro lado?" (Ralph Camargo e João Cândido Portinari, *25 anos sem Portinari*. Rio de Janeiro: edição de autor, 1987, p. 2).

Depois, e ainda com o meu amigo, falamos da nossa experiência de fraternidade, conceito que é tão novo na história do mundo, e também nos contamos a ternura dos outros por nós. E eu lembrei-me daquele funcionário num restaurante do Rio que, por eu recusar açúcar, me respondeu, com toda a sua certeza: "Doce, a gente já tem o mel da vida, verdade?".

Viajo para cenas da minha infância e adolescência, naquela vila de Alcochete que hoje é moda e subúrbio na outra margem do rio, em que vivi a Procissão do Enterro na Sexta-Feira Santa, a Queima do Judas no sábado, o compasso do padre a abençoar as casas de família no Domingo de Páscoa. Na cultura cristã que foi a minha, assim se celebrava a tradição. Na quinta, em tempo de férias era primavera, as glicínias caíam em cachos roxos a envolver o Senhor dos Passos e a Aleluia era uma festa, sempre renovada. A cultura da morte andava pelos nossos costumes de desgosto e luto, assim transfigurada na Ressurreição em que eu acredito, firme. Tantos anos passados, saboreio o verso do meu querido Carlos Drummond de Andrade, tão sábio no dizer sobre estes mistérios: "Qualquer tempo é tempo./ A hora mesma da morte/ é hora de nascer/ [...] Tempo, contratempo/ anulam-se, mas o sonho/ resta, de viver" (Carlos Drummond de Andrade, *Nova reunião*. Rio de Janeiro: José Olympio, 1983, p. 412).

Um dia, sem querer ou procurar a descoberta, inventei dizer que a vida é um milagre e o mistério é a morte. Mistério de absolutas e incontroláveis emoções, quando é sugerido e antes de anunciado, ou de acontecer. Assim rebentaram as lágrimas do primeiro-ministro irlandês Brian Cowen, que chorou quando o seu ministro das Finanças lhe disse que tinha um câncer no pâncreas. Aos cinquenta e um anos, o ministro Brian Lenihan, nascido em família de políticos, com estudos em colégio de padres jesuítas, advogado, assumia no verão de 2010 a estratégia de luta pela dignidade, pela independência, pela salvação da Irlanda em tempo grave de crise. Menos de um ano antes de ser convidado para esta liderança, soube que estava doente. Apesar do câncer, não desistiu de trabalhar, mas morreu sem conhecer o sucesso das medidas que acompanhou (Gavin Hewitt, *O continente perdido*. Lisboa: Bizâncio, 2013, p. 119). À morte anunciada, acrescenta-se o desgosto pela vida que não foi vivida, muito concretamente ela ao meio foi cortada.

E porque muito se fala dos males da humanidade, a comunicação social divulga notícias de terríveis previsões sobre o futuro, com elas assusta e desvia as consciências, nesta época em que assistimos ao imprevisível rumo da Europa, ao fracasso dos governos, ao desânimo dos cidadãos. Assim, que utilidade tem uma página inteira de jornal a informar-me sobre os cânceres de pele, de sangue e de mama, que vão alastrar em 2020? A prever que 35.200 portugueses irão receber diagnóstico de tumor maligno? Que o risco de melanoma cresce 22 por cento, de linfoma 17 por cento e de mama 15 por cento? Continuando a ler os jornais de cada dia, vou pescando estas notícias. Impossível continuar indiferente a histórias como a do menino inglês, Reece Puddington, que vive em Kent e desde 2008 sofre de um câncer raro, chamado neuroblastoma. Reece pediu que lhe suspendam os tratamentos e deixem a natureza seguir o seu próprio curso. As agências noticiosas divulgam a sua súplica, nós ficamos em suspenso, sem saber o que mais vai acontecer além da morte nesta curta história de uma vida.

A maioria das pessoas é dada à fatalidade da morte, veem-na na forma de fantasma próximo e ameaçador. Recusam a palavra, mas evocam-na nas mais comuns circunstâncias. Como apoio, metáfora, figura inspiradora. Ainda para rir, hoje ouvi o caso verdadeiro de um senhor, muito doente, que exclamava: "Se me apanho morto, nem acredito!". Também há a espontaneidade da Júlia, cozinheira, que evocou o outro mundo para reagir contra o estado de dieta de alguém na mesa da família: "Ó minha senhora, coma, que lá em cima não há disto, e ninguém ainda recebeu nenhum postal a dizer o que lá há!".

No tempo presente, recordo aqueles momentos em que visitei uns cemitérios ou passei por outros, no fundo de mim tenho guardadas as impressões e as imagens, cenários de horror ou de exaltação, em conceitos e culturas tão imensas e diversas, a morte é um silencioso vazio, preenchido de nomes, datas e ausências.

Com essa sensação fiquei parada, revolvida por um grande nó no coração quando pela primeira vez cheguei ao monumento em Belém que numa pequena lápide de pedra se anuncia "à memória de todos os soldados que morreram ao serviço de Portugal". Um imenso triângulo de pedra aponta ao céu, pousado num lago azul raso, a água transparente sugere silêncio e meditação. À sua volta, em ângulo aberto, há um largo percurso de painéis onde por ordem alfabética estão gravados os nomes completos. Oito mil os mortos, imagino-os garotos perfeitos, na força dos vinte anos, que rebentaram a vida naquela absurda Guerra Colonial. Todos ali lembrados, para que não se anulem as suas existências, os antónios, os josés, os manuéis e os joaquins, e os outros, nomes de estranhos sons compostos, nascidos naquelas terras, escuros de pele, crespados de cabelos, portugueses de além-Minho e Algarve. Em ano de evocação da Primeira Guerra Mundial, sei dos sete mil e quinhentos soldados portugueses mortos. De vez em quando, vem-me um pensamento de perda por eles.

Há dois anos, em vésperas de Páscoa, na Turquia, conheci a necrópole de Hierápolis, no mesmo dia em que me chegou a notícia da morte de dois grandes e amados amigos. O céu azul brilhante e o chão verde e encarnado, pintado de papoulas, ali enquadraram a minha caminhada, vagarosa, por mil monumentos funerários. Junto a nascentes de águas termais que na Antiguidade prometiam saúde aos viajantes, ali se casavam a vida e a morte, gravadas em caracteres gregos, desfile de memórias destinado a permanecer ao longo dos séculos. Diferente, porque povoada de uma multidão, é a Cidade dos Mortos no Cairo, deprimente cemitério onde as campas são casas de gente viva, que têm quartos e salas e cozinhas, servem de escola e refeitório, abrigam oficinas e artesãos de habilidades imensas. As mais diferentes vidas ali têm em comum o lixo, a pobreza, a marginalidade, a franja de sobrevivência na desordem da cidade grande.

E justamente hoje, 26 de maio, celebra-se este ano nos Estados Unidos o *Memorial Day*, feriado em memória dos soldados americanos mortos na guerra, culto de heróis, espírito nacionalista, motivo de orgulho e admiração. Seguindo esse significado, sou capaz de ainda sentir, como se pudesse tocar-lhe, o alinhado e absoluto silêncio do Arlington National Cemetery, em Washington. Terra sagrada, como se pede aos visitantes que assim a entendam, nela se ordenam os milhares de túmulos todos iguais e geometricamente colocados. Em Arlington estão sepultados J. F. Kennedy e o irmão Bob, a História passa por aqui. Como não pensar na morte como drama e glória, pretexto para um colorido desfile de ideias, depois de pisar este chão? Adiante, em outra hora e outro lugar, em Washington, fico parada diante do Memorial da Coreia, a guerra que durou de 1950 a 1953 e foi uma vaga lembrança da minha adolescência. Gravados no Memorial, os números que anotei no meu bloco de viagem: 54.246 mortos dos Estados Unidos e 628.833 da Coreia do Norte.

Sobre uma enorme base de metal, irregular como terreno verdadeiro, a réplica esculpida de um grupo de soldados, carregados de armas e mochilas, retrata o cansaço, a desumanidade do esforço, a violência. Impossível, em tão realista cenário, recusar a intensa, passageira comoção. E, mais adiante ainda, o Memorial do Vietnã. Uma imensa parede ondulada, toda coberta com os nomes dos soldados mortos. Devagar, acompanho-lhe o movimento sem conseguir falar, e penso no absurdo deste imenso mundo, agravado de desgraças a cada dia que passa.

Quando me vejo confrontada com o lado sombrio da realidade, não posso concordar com a amiga que, para me consolar da doença, afirmava: "Somos de uma geração que sabe empurrar as coisas menos boas para lugar incerto". Não é verdade. Por isso, não rejeito o luto por aqueles que ao longo do tempo fui encontrando, aqueles que me foi dado conhecer e amar, com quem conversei sobre o curso de todas as coisas e o percurso de cada um de nós. E quando lembro o menino que eu vi baleado e morto no Rio de Janeiro, caído no asfalto do Aterro do Flamengo, lembro também no Rio o canto popular em coro de um sem-número de vozes, modo carinhoso de chorar, que nas cerimônias da sepultura celebra a despedida. Pela primeira vez me comovi a ouvir este canto por Juscelino Kubitschek, pela segunda por Carlos Drummond de Andrade, sabendo hoje que cantar pode ser modo de morte amada. Navegando dentro de mim, e a par destes pensamentos, vem-me o dito de Guimarães Rosa no discurso de posse na Academia Brasileira de Letras, três dias antes de morrer: "O mundo é mágico. As pessoas não morrem, ficam encantadas". Sim, porque as guardamos no fundo do coração.

Ainda falando da morte, eu mais falo de vida, ao ponto de esquecer-me que estou doente. Em face das dores dos outros, sinto-me a toda a hora, como já disse e aqui repito, agradecida pelos privilégios que me têm sido dados. Houve um dia em que, intervalando as minhas horas de espera, me sentei no café do hospital ao lado de um homem de alguma idade, que acompanhava a mulher na quimioterapia. Disse-lhe bom-dia, acrescentei uma qualquer frase simpática sobre o acaso das doenças que nos caem na cabeça, e ele, José, a quem perguntei o nome, filosofou: "Isto é assim. É o curso natural das coisas. Alguns já nascem mortos para a vida". E de uma assentada, contou. Em Luanda, onde nasceu e viveu, a mulher na hora do parto teve um filho que não queria nascer, que a duras dores e penas nasceu, que não respirou, que estava morto, julgaram. E que no mesmo instante saiu para a vida, uma criança de quatro quilos e meio que de repente gritou, com fôlego e força, a anunciar-se ao mundo. Hoje, tem quarenta e cinco anos. Forte, fera, perfeito, filho bom.

As histórias verdadeiras que vou tecendo não têm fim, como água de rio elas correm sem parar no meu pensamento. Correm por mim quando uma palavra ou uma frase lançada a um desconhecido o inscrevem na minha memória, quando de um momento passageiro me acontece a curiosidade pelos outros, quando deixo que em mim se cruzem e se misturem as diferenças, as oposições, as condições tão diversas de gente.

Em outro tempo e outro contexto, a tia da minha amiga, a própria tia Vera, aos vinte anos perdeu o marido, de vinte e dois, que morreu de peste bubônica. Ficou viúva com uma criança de um ano. Mais tarde, casaram-na com outro marido, já que casamentos eram então combinados, e este até foi um casamento feliz. Ela viveu até os noventa e dois anos. Desde sempre e nos séculos passados que visitamos, por cultura geral, houve tragédias, doenças, epidemias, mortandades por causas desconhecidas. Hoje é o ebola a ameaça, assim como foi a aids, quando apareceu nos anos 1980. Nas conversas, há um mórbido fascínio por estes temas. Por isso, e passados meses desde a biópsia que me confirmou a doença, sempre que eu claramente pronuncio a palavra "câncer", alguém continua a acrescentar-me um ponto ao conto, falando de si e dos outros, de amigos e conhecidos, de casos na família. Hoje, num almoço de mulheres, eu soube que a irmã da dona da casa, debilitada pelos tratamentos de quimioterapia, tinha perdido o gosto por todas as atividades das suas obrigações anteriores. Em compensação, fixou-se em bordados, durante horas seguidas trabalhava de agulha e linha, de todas as cores. Na casa antiga onde vive, a sala de jantar tem as paredes forradas pelos seus trabalhos de mãos. Há oito anos está curada, e bem.

Assim vou indo, seguindo o fio dos dias, crente e esperançada. E porque assim vou, eu alinho com o verso que Hélio Silva, um amigo de Carlos Drummond de Andrade, lhe dedicou: "A gente se mata/ a gente não morre de morte matada/ a gente morre de vida vivida".

Como eu já disse, as etapas do tratamento vão correndo, certas, previstas, anunciadas. Na sequência, a complexa cirurgia. Perguntei ao médico: "Cirurgia de risco?". "Risco é a doença", definitivamente ele me respondeu. Confesso que fiz a pergunta sem vergonha, sem sequer pensar que, de acordo com o senso comum, todas as cirurgias são de risco. "Vou ter dores?" Respondeu-me que não iria sentir nada, por estar adormecida. Agora, seis semanas depois da data marcada, reparo na ingenuidade das minhas dúvidas. Daí a pouco, o médico também me sossegou, dizendo que mais de doze mil cirurgias como esta foram feitas, e muitos casos de cura foram registrados.

Acho que são de risco, especialmente, aquelas cirurgias que, como a minha, investem contra a substância da doença. Ela aqui está, fingida, covarde, disfarçada, tão recolhida que só a flagram os resultados de exames minuciosos, as descargas de raio X, as manipulações de alta tecnologia. Eu, agradecida, imagino as despesas que dou ao Serviço Nacional de Saúde, compenso-me por pensar nos impostos que pago, antecipo as sombrias possibilidades de que às gerações abaixo de mim não sejam garantidos os cuidados fundamentais. Continuo a não investigar pormenores, a não consultar a internet, a acreditar que a ignorância, nestas matérias, é uma grande sorte.

Nunca até agora fui operada. De hospitais, só lembro as rápidas passagens pela maternidade, quando nasceram os meus filhos. Esta era uma nova experiência na minha vida. Em uma segunda-feira de manhã, bem cedo, cumpri o dever de me apresentar. Logo de seguida, tive uma consulta com o anestesista, que me fez uma porção de perguntas sobre os desempenhos do meu corpo, mediu a pressão arterial, anotou os nomes dos poucos remédios que todos os dias tomo, para a pressão e o colesterol, e me despediu, encaminhando-me para a internação. Lá fui, obedecendo à sequência das coisas, dócil como quem deixasse lá fora toda a manifestação de personalidade própria e entrasse numa concreta e perfeita linha de montagem.

Tive então uma outra consulta, agora com uma médica, que docemente me explicou os preparativos. Isto sem que eu ouvisse os pormenores, quase distraída, mais ou menos já embalada nesta fase da viagem existencial. Rapidamente chegou a hora do almoço, fui encaminhada para um pequeno refeitório onde num pequeno tabuleiro alguém me serviu uma pequena tigela de caldo morno, quase quente, e uma pequena embalagem de suco. Tudo pequeno, a limpar o corpo de toda a invasão, e eu, calada, sempre obediente, certa de que naqueles momentos assim devia ser. Admirada com a precisão da dieta, com os imediatos gestos de quem me serviu sem precisar de mais nada além do meu nome para saber o que devia ser o meu almoço, alimento em puro estado de despojamento.

Agora, a reconstituir essas primeiras horas no hospital, recorro às palavras de Eduardo Lourenço, perfeitas para eu exprimir a demissão da minha vontade naquelas horas em que os acontecimentos seguiram o seu curso, independentes de mim: "Eu tive sempre a impressão e continuo a tê-la com a idade que já tenho, de que não sou sujeito da minha própria vida. A vida é que me vive e eu deixo-me viver por essa vida, o que é uma maneira de me descartar da responsabilidade e da tragédia que viver implica para todos nós" (Eduardo Lourenço a José Jorge Letria, fevereiro de 2011).

Não ser responsável, que alívio. Não refletir sobre tragédias, que leveza de espírito. Que novidade para mim não acordar de manhã a fazer a lista de obrigações, de compromissos, de horas marcadas, de prazos prometidos. Viver a vida, que urgência de vivê-la, ainda e apesar de tudo. Em vez de fazer lista de deveres, fazê-la de desejos, de intenções, de fertilidades.

No meio da tarde, foi-me destinado o lugar numa enfermaria de quatro camas. Ali estávamos, arrumadas em lugar cativo e direito ao nome impresso em papel e grampeado, bem clara ali se afixava, aos pés da cama, a identidade de cada uma de nós. Fomos aliadas naquela nova situação, mas outra seria a cumplicidade se fosse o câncer a doença de todas para ali nos encontrarmos. Uma moça operada à traqueia, imóvel na cama, impedida de falar. Uma mulher comunicativa, entendedora de todos os rituais hospitalares, atenta ao movimento à sua volta, sentada numa cadeira estrategicamente colocada para assistir à televisão. Uma terceira mulher mais nova, gordíssima, chamada Fátima, a preparar-se para ser operada à obesidade. E eu, destinada a tomar um sem-número de copos com um líquido indefinido, de leve sabor de baunilha, intragável, a cada quarto de hora.

Com o fim do dia, chegou-me o mesmo menu do almoço. Estava então já estabelecido o quase silencioso consenso entre as quatro mulheres, sabedoras das suas dores e doenças mas sem entre si falar delas, crentes nos seus respectivos médicos, mais ou menos crentes em Deus Nosso Senhor, a prepararem o escuro da noite, sem alento para dissertar sobre estas ou outras questões. Eu, a pensar que lá dentro do hospital nós dispensamos os pormenores de sofrimento, não dissertamos sobre ciência médica, não demonstramos os medos. O que, por estranho que pareça, é uma especial aliança, um grande alívio, uma quebra nesta solidão. E um descanso do burburinho das conversas lá fora, quando as pessoas avançam a querer dizer, consolar, explicar, comparar aquilo que não é consolável nem explicável. Muito além destes planos, a fé fortaleceu-me o ânimo. Respirei fundo, certa de que estava preparada para o que desse e viesse.

Não sei de mim nas horas seguintes nem no dia que veio depois, nem da noite. Senti-me transportada por invisíveis caminhos. Não distingui sombras nem claridades, só tenho reminiscências vagas nem sei de quê. No profundo estado de adormecimento em que me encontrava não senti dores, não percebi mãos, bisturis, instrumentos a remexer nas minhas mais fundas profundezas.

O único som que recordo, recorrente, suponho que já eu acomodada na UTI, é o de uma voz suplicante de homem velho, a pedir água e água e água, muitas horas terá ele falado assim. Não me lembro de acordar, de retomar consciência, de perceber que os meus filhos tinham estado ali e comigo estavam. A cirurgia demorou quase oito horas, a grande arte dos médicos salvou-me. Sobrevivi.

Dias antes da data marcada para a minha operação, conversei com uma amiga sobre a experiência de hospital, que ela tinha e eu ainda não. Mais uma vez exprimi o meu sentimento de gratidão, enunciei a minha sorte por ter acesso às consultas, por conseguir cirurgias confirmadas, por saber exprimir-me, por não ser tímida na comunicação com os outros. Em tudo ela concordou comigo. Falamos também de solidariedade na doença e dos gestos espontâneos de caridade, o que significa serem de puro amor, que em certos momentos podem parecer insignificantes.

Disse-me ela: "Dou voz aos que não têm voz. Uma mulher tinha frio, tremia baixinho, ao meu lado. Chamei alguém, pedi um cobertor que a agasalhasse, ela tinha vergonha de falar, agradeceu, parou de tremer". A descrever o ambiente da enfermaria de muitas camas, o pudor, ela guardou a lembrança dessa mulher anônima, no hospital público onde foi operada.

Tempos mais tarde, a ouvir o papa Francisco falar sobre a exclusão das crianças e dos velhos num mundo tomado pela idolatria do dinheiro, eu lamentei aquelas tantas pessoas que conheço, militantes desta crença. Pessoas desconhecedoras das existências dos simples, dos humildes, dos doentes assistidos nos hospitais. Ao contrário desses, que às vezes até publicamente se empenham em causas humanitárias, a minha amiga demonstra como naquele momento o pudor, o sofrimento, o medo do futuro, o vazio foram atenuados por uma pequena ação, como se ela própria se tivesse transformado em ombro e colo, a confortar a mulher que tremia de frio e vergonha de se queixar.

Porque a cena da mulher com frio me leva a falar de mim, volto à figura da volumosa Fátima, minha companheira de enfermaria, na cama ao lado. Já depois de operada, proibida de tocar em qualquer líquido, eu tinha sede, muita sede, muita, e demorava a chegar quem me molhasse a boca seca. Foi a Fátima que se levantou, "Deixe lá, deixe lá", disse ela, que em um segundo de agilidade me alcançou e me deu a chupar uma pequena esponja presa em um pedaço de madeira, mergulhada num copo de água que, estando perto, na minha cabeceira, eu não conseguia alcançar.

Dois dias depois de ter sido operada, vi-a sair com alta do hospital, depois da conversa ali mesmo com o médico, depois de a sentir arrumar as suas coisas em pequenos sacos de viagem, depois de ter assistido às suas visitas de família, numerosa família, com irmãs que falaram de roupas que tinham ficado guardadas em casa, com lugar de arrumação em gavetas. Meio adormecida, eu ouvia fragmentos de conversa sobre aquelas formas de vida, sem perceber quem era marido e quem era pai, quem eram as irmãs ou as sobrinhas.

Nessas horas a minha cabeça estava confusa, hoje sinto pena de ter esquecido o nome da terra e o nome do restaurante onde a Fátima faz os caracóis tão bem temperados, que até prêmios por isso ela já recebeu. Imagino-a magra, a controlar o peso e os vômitos, a comprar roupas novas e coloridas, sandálias douradas com brilhos, calças coladas às pernas, a realçar as recuperadas formas. Quero-lhe bem, mal ela sabe.

Na cama em frente, a moça operada à traqueia, que eu julgava muito mais nova, recebeu a visita do marido e do filho adolescente, do irmão e da cunhada, família bem-parecida me pareceu esta, a mãe era a acompanhante o tempo inteiro, pegava-lhe na mão, adivinhava-lhe as precisões, fazia-lhe festas sobre os lençóis, ao longo do corpo.

A senhora entendida em hospitais e programas populares de televisão tinha bonitas unhas, tratadas, compridas, pintadas de vermelho. "Foi a minha neta que mas arranjou, vem cá sempre que estou internada, isto não foi a primeira vez", ouvi-a dizer, para no mesmo instante me desligar de entender qual era a sua doença ou as razões de tantas estadas no hospital. Por três dias foram estas as minhas companhias.

Até que fui mudada para um quarto. Comecei por estranhar a falta de movimento. Pensava eu que não haveria movimento.

E mesmo que não houvesse movimento exterior, que eu estivesse isolada entre quatro paredes brancas, que não soubesse nada sobre mais ninguém, haveria sempre em mim uma ação de pensamentos, de imaginações, de fantasias, de pormenores, a tecer os mais variados registros. A dar-lhes forma ou a deixá-los à solta, de propósito, desalinhados, livres, descompromissados. Nestes caprichos do espírito, não tem que haver nexo nem razão. Como dizia a atriz Maria do Céu Guerra no papel de D. Maria I, a verdade é que "o caminho das ideias, Deus o traçou sobre pedras escorregadias" (em *D. Maria I, a Louca,* no Teatro Cinearte, 28 de outubro de 2011).

Levada por estas impressões, veio-me num momento daquele quarto de hospital a nítida lembrança de uma exposição de fotografias que há mais de vinte anos vi em Lisboa. E por que motivo nunca mais esqueci essa exposição, ou de que maneira o autor daquelas fotografias me desafiava por olhá-las? Porque através da sua arte ele criava uma espécie de jogo mental de adivinha, em que os visitantes não podiam manter-se passivos, em que o fotógrafo os envolvia na procura de um enigma, uma verdade escondida, a humanidade era assim avaliada com amargura e ironia. E eu, já recuperando a lucidez e consciente da fragilidade do meu recém-operado corpo, deixava-me embalar pelas imagens da exposição e por outras, todas elas fluíam no meu pensamento.

Duas dezenas de fotografias de grandes dimensões expunham outros tantos homens ingleses vestidos a rigor, de casaca, em idade madura e pose aristocrática, entre eles havia três ou quatro sem-teto. O jogo de adivinha era desde logo proposto em texto de apresentação e a partir da primeira fotografia. Entre todos aqueles senhores, quem seriam os afortunados e quem seriam os mendigos, os desamparados da vida? Impossível perceber quem eram uns e os outros, na perfeição das imagens não havia nenhum pormenor a sugerir diferenças. Assim se constituía a metáfora de denúncia do artista, a demonstrar que estamos num mundo de fazer de conta, em que o valor das aparências dita o ordenamento da escala social.

Os cidadãos de caráter, os bons e os justos não se distinguem dos bandidos, dos marginais, dos malandros, dos mentirosos, quando estes se apresentam diluídos em conjuntos de gente que circula em espaços luxuosos, de convenções e mundanidades. No universo que nos cerca, chegam-nos constantes notícias de fraudes, malvadezas, ladroagem, sonegação. Logo que elas são divulgadas, é absoluto o espanto dos cidadãos, o seu pasmo é total, a opinião pública indigna-se contra a decepção, porque conhecia a imagem física desses sujeitos, a sua compostura quando debitavam esclarecimentos, o tom de autoridade que impunham às suas próprias intervenções sobre assuntos sempre declarados de superior importância.

Hoje não se distinguem os ricos dos pobres, os inteligentes dos estúpidos ou dos preguiçosos, quando todos se vestem com as mesmas roupas, usam a mesma risca a arrumar o cabelo, se enfeitam com os mesmos adereços, as mesmas decorações. E o contrário é verdadeiro. Todos parecem iguais quando não são postos à prova, quando estão despidos de panejamentos, de nomes de família, de diminutivos de intimidade. Ou quando, por não falarem, não se dão a conhecer através do timbre de voz, da pronúncia, do vocabulário, do gesto. Por isso é preciso integridade absoluta, argúcia e malícia para singrar neste sinuoso mundo de poder e de engano.

"A avó alimenta-se de amor e não de comida", diz a minha neta Maria Leonor quando me visita no hospital e sabe que, já em fase de convalescença, estou em regime de dieta líquida, só a caldos e sucos. A confirmar o amor e oferecer-me companhia, traz-me um bicho de pelúcia que escolheu entre os seus preferidos. Uma frase assim dita e guardada no lado quente do coração é uma luz que me ilumina, um caminho que se abre. É uma doçura que fica para sempre, a compensar-me desse tal sinuoso mundo, triste espetáculo que a toda a hora se quer impor e me invade e chega junto de mim. Amor e comida, alimentos de vida, espírito e corpo que se confundem em um só enquanto, ainda meio inconsciente, não me seguro em pé, não sei bem onde estou e muito menos sei quantos fios tenho enfiados a ligar-me a uma sobrevida de cápsulas e recipientes plásticos de texturas diferentes.

A várias velocidades, há líquidos que me pingam para dentro e outros a sair de mim. No meu quarto corre um fio constante de gente a entrar e sair, homens e mulheres vestidos de branco, caras que vão sempre mudando, atentas e apressadas me parecem as pessoas que me tratam, admiro-lhes o jeito. Vem uma injeção para liquefazer o meu sangue, um aparelho para medir a minha pressão, uma bolsa de soro a substituir a anterior, já vazia, um saco de plástico é instalado a trocar a sonda. São verificadas as duas bolas pregadas aos tubos que me furam os dois lados da barriga. Pousam-me o termômetro no ouvido. Dormir, dormir muito, nos primeiros dias.

Estou cuidada, protegida, muitas mãos tomam conta e me encaminham nesta travessia. A minha comida de amor em forma de aventura lembra-me o maná que Deus fez nascer no deserto, para alimentar o seu povo, em fuga do Egito. Quarenta anos durou a caminhada, de fome por milagre matada, nem só de pão vive o homem, diz a Escritura. Veio o capelão visitar-me, discreto. E nem só de comida eu me alimentei no hospital, como me foi dito pela minha neta, na sua imensa sabedoria de criança.

Na escuridão da noite, iluminada pela luz de presença, agradeço mais um dia que acabou, e pelos dedos tento contar quantas horas já passaram desde que aqui cheguei. Mas o tempo, tal como o entendi logo que fiquei doente, deixou de ter importância. Estou longe do mundo exterior. Distraio-me, entorpecida de adormecimento me entrego.

Agora, sim. Sou mulher objeto, mesmo. Faço o que me mandam, com uma obediência que me surpreende, porque é novidade em mim. Abrem-me os lençóis na cama, levantam-me a camisa que me cobre, e apesar de não estar nua, acho-me despida e oferecida aos olhos que avaliam o estado da minha cicatriz. Desde o peito, são dois palmos bem contados de pontos e grampos a ajustar-me a carne. Quando ganho força para levantar a cabeça e me enxergar como realmente passei a ser, admira-me a extensão do corte, a operação foi mesmo séria, encontro-me eu a julgar, como se falasse em voz alta agradeço aos doutores que me salvaram, sem me atrever a comentar ou divagar sobre tão científicos fatos. No mais fundo de mim e em silêncio, agradeço. Penso no bom que é viver e, neste estado de quase nudez sem sexo, releio o Evangelho: "É por isso que eu vos digo: não andem preocupados com o que hão de comer, nem com a roupa de que precisam para vestir. A vida vale mais do que a comida e o corpo mais do que a roupa" (*Evangelho segundo São Lucas*, 12, 22-23).

Eu bem queria saber inventar uma palavra para dizer o meu estado físico e mental. Uma palavra nova que eu guarde e que não me fuja, que não se deixe esquecer. Que seja polivalente nas inflexões, nos significados, nos imperativos, que possa servir-me na expressão das vergonhas, das dores, das vertigens, dos medos. Misturo sílabas, sufixos, sonoridades, mas nenhuma fórmula me agrada, hesito, desisto. Daí a pouco, ponho-me a pensar que todos os critérios exteriores de avaliação deixaram de existir, para o que eu acho sobre a vida e a morte, que paira por aqui.

No hospital não se vive de parecer bem ou mal, porque o importante é a substância e essa é a verdade. Agora, nada consta sobre se sou magra ou gorda, alta ou baixa, bonita ou feia. Não tenho cor de olhos nem de pele, dispenso penteados ou unhas pintadas. Não uso anéis, pulseiras, não tenho rímel nas pestanas nem sombra nas pálpebras. Aqui não me propõem agrados de cheiros nem de sabores, não percebo sensações além das imediatas, de sobrevivência. Nunca me senti assim, no entendimento do meu corpo.

Resguardada, virada, analisada, observada, reparo que há tabelas onde se inscrevem anotações sobre o meu estado. De tão apagada que estou, quase esqueço o câncer, o tal que alguém definia como doença que brinca às escondidas com a gente. Mergulhada nesta nova realidade, diferente da que existe lá fora, penso vagamente em tantas rodadas de enganos a que já assisti. Metamorfose de personalidade? Vou-me convencendo de que já não vale a pena revoltar-me, como Nélida Piñon: "Recuso o incômodo compromisso de ser apenas mulher da minha triste época. Não aceito fabricar frases apressadas, falsamente concisas, a pretexto de agradar àquelas criaturas soltas nas ruas, nos salões, todas à cata do pão de cada dia" (Nélida Piñon, *O pão de cada dia*. Rio de Janeiro: Record, 1994, p. 74).

Duas amigas acabam de chegar para a visita da tarde. Uma delas senta-se no chão, de pernas cruzadas, assim corre melhor a conversa, acha ela. Contam-me o que se tem passado lá fora nestes dias. E eu, encostada no cadeirão do quarto, por uma hora me sinto na sala de minha casa. Quando vão embora, o meu silêncio vai recebendo sinais de presença de todos os outros doentes, os homens e as mulheres, os enfermeiros que tomam conta, as serventes que limpam e cuidam, já a tarde vai no fim e as tarefas não param nunca.

"O doente daquele quarto vai morrer?" Alguém me responde que sim. De tão magro, pode quebrar-se todo. De tão fraco, nada lhe fica do estômago. De tão mal que está, todo o sofrimento eu pressinto, se lhe ouço a voz, em murmúrio. Meu companheiro, sorte a minha por parecerem diferentes os nossos caminhos. E em simultâneo, já na manhã seguinte, há a jovialidade da esperança, quando a auxiliar, que me instala em limpos lençóis, para me animar aponta o seu próprio cabelo forte, crescido, frisado, perdido e recuperado, depois de curado um câncer. Um sucesso, a vida outra vez. O contentamento, a vontade e a energia para trabalhar. De baixo salário, duro trabalho é este, à força de braços, habilidade e prática de paciência. O estado de gratidão vai-se aprendendo, penso eu enquanto agradeço o esforço feito por minha causa.

Mais dois dias, outras mãos me arrumam o quarto e me distraem por alguns minutos com a receita de uma massada de cherne, especialidade premiada numa época em que a profissão foi de cozinheira em restaurante. Logo esqueci a receita, mas daqueles dias guardo a versatilidade do cenário, o movimento dentro das quatro paredes brancas, a importância de tantos acontecimentos no quarto de hospital. Tudo ficaria quieto, achava eu antes de chegar, desconhecedora de que muito iria acontecer nesta etapa da viagem.

O passageiro clandestino começa a dar sinais de desistência. Até a próxima secreta investida, julgo eu, a precaver-me. Todos os dias me são contados casos de pessoas que se julgam livres destes trabalhos do câncer e ficam bem durante anos, até que tudo reaparece e há que começar de novo. Mas não é verdade que o curso de todas as coisas vai e vem em curso e recurso, volta e revolta, verso e reverso?

Oito semanas depois da primeira cirurgia, a natureza devolve-me forças. Rebela-se contra os meus pontos fracos, em simultâneo manifesta-se em várias frentes, como se me outorgasse direito à saúde. Ela impõe pingos para a secura dos olhos, propõe vontade de comer à mesa sem restrições ou de aceitar a tentação de um sorvete, um refresco, um bolo de confeitaria. Generosa, aquieta insônias, vigílias. Rejeita dores. Deixa-se perceber nos modos de dominar tonturas, fugir de luminosidades. Relembra os movimentos do corpo, dobrado para chegar ao chão, esticado para alcançar os compartimentos mais altos, na casa. Permite saídas a um cinema, a um teatro, ao almoço das amigas às quartas-feiras, ao jantar de tertúlia às segundas. A natureza dá-me agora o prazer de poder andar a passos largos e de subir escadas e ladeiras sem me estafar, pela leveza que ganhei, pelo peso que perdi. E não me deixa esquecer que um só pingo de álcool, um gole de cerveja, uma prova de vinho, um brinde de champanhe são veneno puro a alimentar a gula do meu fígado, contaminado de ruindade. A natureza é sábia, o corpo é independente, eu devo estar atenta aos dons da primeira, às rebeldias do segundo. Aqui, a lucidez é prova de inteligência e maturidade.

A minha condição de simples criatura faz-me agora recuperar o apetite dos sabores, desaparecido ao longo dos tratamentos e depois da primeira cirurgia, já em convalescença. Sem complexo de culpa e até a saciedade, devorei uma embalagem inteira de sorvete, caramelo misturado com pedaços de amêndoa, muito doce, muito. Voltam-me recordações quase físicas, como a impressão gostosíssima do primeiro tablete de chocolate *Cadbury's Fruit & Nuts*, que comi no colégio de freiras em Londres, quando chocolate inglês era para mim uma raridade muito desejada e só à venda na antiga loja Jerónimo Martins no Chiado. Um luxo que já não existe, hoje que o Chiado se tornou um corredor de banalidades, em lojas de roupas iguais a todas, no mundo inteiro.

Por quê esta recordação tão forte? Porque me lembro de ter ficado a pensar sobre o Mercado Comum Europeu, a sociedade de consumo, a retirada do desejo, quando nos anos 1990 entrei no supermercado, cheguei à prateleira dos chocolates e encontrei o mesmo tablete inglês, com nome e marca acrescentados em caracteres gregos. Fiquei com pena de tê-lo ali, tão fácil e oferecido, de poder escolhê-lo diretamente e pagá-lo no caixa, em escudos e ainda não em euros. O meu sentimento pode ser muito estúpido, como foi nesta ocasião. A saudade de um momento passado é a saudade do desejo. Hoje não é preciso esperar por nada, tudo pode ser encomendado, a concorrência exprime-se na velocidade das entregas, na satisfação imediata das vontades. E porque funciona à distância de alguns poucos toques no computador, a Amazon destruiu autores, editores, livreiros. A eficácia no expediente tira-nos as perguntas, os sonhos, o gosto de segurar com as mãos, de tocar com os dedos.

Três meses depois da primeira, a segunda cirurgia. Pedem-me os serviços administrativos que complete a minha ficha hospitalar, uma simpática senhora telefona a perguntar-me se sou caucasiana. Estranhando a pergunta, tento eu que ela me diga se há alguma razão clínica para tal definição étnica. Desconhece, obedece ao protocolo, e mais não adianta. Só depois venho a saber que sim, que há incidência maior ou menor de determinadas lesões conforme a cor da pele do doente. Pouco a pouco, como desde o princípio percebi, a doença é uma iniciação, a cada dia que passa há uma novidade de conhecimento a compensar a minha total ignorância.

Desta vez já me acho pronta para os procedimentos médicos, sinto-me tranquila, a demonstrar que toda hora é hora de aprender, de recomeçar, de pacientar. Como já ouvi dizer, a paciência é uma das mais valiosas virtudes, e nesta fase da minha aventurosa doença, confesso que enfrento o percurso sem queixas, não me zango nem me irrito, que sorte esta de adaptar-me ao curso das coisas sem desgaste nem reclamação. Na véspera da operação, há o quase jejum antes da entrada no hospital, e a chegada com o mínimo de bagagem. Não preciso de chaves, de dinheiro, de cartões de banco ou de cidadão, de carteira de identidade. Bastam-me o creme para a cara, a escova de cabelo, o livro de cabeceira, bom de escrita e leve de conteúdo, o carregador de celular, o lápis, o pequeno bloco para anotar palavras, frases, impressões.

A enfermeira, no papel de anfitriã, que recebe a sorrir, encaminha-me ao meu destino de cama, atravessando o largo e longo corredor entre enfermarias. O percurso está especialmente tranquilo, tudo parece vazio, os doentes não se ouvem, mantêm-se em sossego, a hora da visita ainda não chegou. Em princípio de tarde de domingo não há trânsito de pessoas, não há rondas de médicos, não se veem suportes de aparelhos, bandejas de remédios nem carros de apoio encostados às paredes. Parada a um canto, a esguia estrutura que mede a pressão arterial e que algumas vezes ao dia me alegrou da última vez, sempre que confirmava o sangue a correr-me normal nas veias.

Os meus filhos comigo sempre, inventamos conversas quase desconexas, a desconectar-nos das aflições de cada um, a fazer de conta de que as próximas horas não vão ser de medo, de espera, de expectativa. Entre o Bloco Cirúrgico e a UTI, sabem eles melhor do que eu a intensidade dessas emoções.

Daí a pouco, começa a etapa seguinte no hospital. Proposto o meu já conhecido jejum, são-me oferecidos os dois litros daquela bebida destinada a transformar o meu intestino em um rio de líquidos e a fazer de mim o conjunto de carnes e ossaturas que sou, mulher como todas as outras nestas condições, despida de reflexão ou de pensamento, entregue à vontade de Deus, dominada pelos imperativos da ciência, pelas ordens dos médicos que logo de manhã cedo irão empreender o trabalho de me salvar. Feitas as despedidas de mãe e filhos, sem exuberância, como se esta fosse uma separação própria de um dia qualquer, saem eles e deixam a porta encostada. Agora instala-se o silêncio no quarto onde estou.

E trato então de cuidar de mim. Abro o chuveiro, no prazer intenso da água que escorre em abundância pelo meu corpo. Com cuidado, passo na pele um líquido desinfetante, tal como me foi ordenado. Não tenho bolhas de espuma a cobrir-me, não passo cremes de hidratação, não há essências de hortelã e alecrim a envolver-me da cabeça aos pés. Já conheço o modo certo de não escorregar neste chão, movo-me com cuidado, seco-me com a toalha que trouxe de casa, escovo o cabelo molhado. Trato-me com toda a força dos braços, certa de que dentro de horas terei de enfrentar outras fragilidades, a pele da minha barriga vai ser quase intocável, à conta dos pontos, das cicatrizes, dos grampos. Visto a camisa do hospital, cruzo-a com fitas em laço na cintura, nem larga nem apertada, o corpo perdeu formas e personalidade.

É este o momento de me estender sobre a cama, coberta de leves lençóis, entregue ao outro prazer de estar ali, sem agonia e em paz, e imagino que ao meu anjo da guarda devo tal sossego. Ocorre-me o refrão do samba que diz "Liberdade/ Abre as asas sobre nós", lembro-me daquele Carnaval no Rio em que o cantei e cantei pela madrugada, até a saciedade. A música instala-se no meu ouvido, teimosa a repetir-se, a querer dançar comigo.

E agora mesmo, três semanas depois de operada, enquanto escrevo e por pura coincidência em matéria de lembranças, toca o telefone. É Halina, a minha amiga psicanalista, que me liga do Rio de Janeiro a saber de mim e eu dela, a contar-me que prepara uma conferência sobre a memória nos meandros freudianos, a dizer-me que eu sou prática em discorrer de memória e eu a dizer-lhe que constantemente há registros do passado a aparecer-me, visão ou delírio, não sei. Ou apuramento dos sentidos, como se estivesse alerta ou de tocaia, para perceber pistas, sinais, prenúncios deste mistério, para que não me apanhe outra vez desprevenida, como foi.

Desta vez como da primeira, estou estendida na cama e não tenho noção do tempo. Entre a noite e a madrugada apaga-se-me toda a consciência, o adormecimento é sábio recurso a anular o sofrimento.

Volto ao tempo presente e às minhas visitas aos poetas, em cada um encontro um passo de palavras certas, para dizer o que não sei. Empolgo-me pela minha querida língua portuguesa, firme, líquida, harmoniosa, expressão da humanidade que sou, impressão do mundo à minha volta. Revivo a intensidade do silêncio da noite, nas horas escuras do hospital. No poema de Sophia de Mello Breyner, encontro-a: "Deixai-me com a sombra/ Pensada na parede/ Deixai-me com a luz/ Medida no meu ombro/ Em frente do quadrado/ Noturno da janela" (Sophia de Mello Breyner Andresen, *Obra poética*. Lisboa: Caminho, 2010, p. 465).

O senhor Silva, meu vizinho de quarto, entra e vem perto a cumprimentar-me. Como se estivéssemos numa sala num outro país onde ninguém se conhecesse, ele apresenta-se. Como se estivéssemos a tomar um aperitivo antes de um jantar formal, ele faz conversa. Diz-me o nome completo, Adalberto, talvez Ediberto ou Egberto, algum deles será, antes de Silva. Apaixonou-se pela esposa, como diz, aos dezesseis anos e já lá vão sessenta e quatro de felicidade. Aos oitenta anos, nem parece.

"Que sorte, senhor Silva!", exclamo eu, aproveitando uma pequena pausa da sua torrencial fala. Queixa-se de falta de concentração e de falhas de memória, não se revolta contra a quantidade de tubos que traz presos em várias partes do corpo, "se Deus quiser vamos ficar bem", e eu a repetir com ele, falamos a mesma linguagem, o senhor Silva é um esperançado otimista e nisso alinhamos os dois.

Descobrimos mais cumplicidades, quando ele me diz que foi operado logo depois de mim. Fomos inconscientes camaradas na UTI, estivemos deitados lado a lado, na vigília dos enfermeiros que naquelas horas de risco iam seguindo os caminhos do nosso corpo, as batidas do coração, o ritmo da respiração. Já em convalescença, às horas da visita, o senhor Silva não ficava só. Acho eu que eram seus netos aqueles que vinham até ele, e eu ouvia-lhe a voz acima das outras, sem nunca parar. Ao longo do dia, os médicos a visitá-lo, as enfermeiras a tratá-lo, as auxiliares a cuidar dele eram parceiras de fala do senhor Silva, sempre animado. A maior parte do tempo ficava estendido no cadeirão ao lado da cama, em repouso e de olhos fechados mas atento aos movimentos exteriores, sempre pronto a comunicar. Eu espreitava para vê-lo, tranquilo, quando fazia as minhas várias caminhadas pelo corredor.

Mal sabe o senhor Silva como anonimamente lhe quero bem. Quando tive alta e saí do hospital, ele ainda ficou. Desta vez, fui eu a cumprimentá-lo, em despedida. O senhor Silva marcou presença nesta história, teve um papel no meu acidente/incidente de vida.

A aventura de estar doente de câncer tem-me levado por ideias que sou capaz de concretizar, como se fossem cenas de um filme de ação. É extraordinária a capacidade de invenção que me surpreende, agora que deixei de ter espaço e tempo definidos, agora que as intenções são hipóteses, agora que pensar e fantasiar significam uma e a mesma coisa. O meu espírito é regularmente invadido por cenas de movimento, a que vou assistindo como se estivesse recostada numa sala de cinema. Na mais recente sequência, eu corria muito depressa numa floresta, corria em ziguezague a desviar-me de árvores e arbustos, e sentia uma respiração cada vez mais próxima a perseguir-me, quase a agarrar-me, atrás de mim. A cena não tinha fim nem começo, era a situação que tenho experimentado desde que a doença se anunciou. As árvores e os arbustos são os obstáculos que tenho driblado ao longo destes meses e o predador era o passageiro clandestino já assumido como câncer, a querer devorar-me, pior do que o lobo da Chapeuzinho Vermelho, que esse, ao menos, tinha disfarce.

Estas cenas vêm-me ao espírito naqueles pequenos momentos de vazio de todos os dias, entre um gesto e outro, uma ida e volta entre a sala e a cozinha, a escolha dos remédios antes do gole de água a tomá-los, os meus olhos a fixarem-se na página já lida do livro que tenho em mãos. Não têm necessariamente a ver com vigília ou insônia, nessas ocasiões o espírito agita-se com desordenadas turbulências. As pessoas, as frases e palavras ditas e ouvidas, os desgostos, as preocupações afirmam-se, artilhadas como metralhadoras, martelam a cabeça. Isso sim, é difícil de suportar.

Neste não-tempo que tenho vivido, quase só distingo primavera de verão porque no mês de maio há rosas de todos os tons no meu jardim e porque em julho e agosto as pessoas me falam de viagens, de férias, de praia. Mas estou tão longe de idas e vindas, que me sinto em paz sozinha. Exploro-me na primeira pessoa do plural, como se em vez de uma só voz, eu tivesse várias vozes dentro de mim a decidir o fio das horas, ou as contas do meu rosário, como diziam os antigos.

Continuo por conta das ordens dos médicos, não antecipo previsões de mais tratamentos, não penso se sim ou não haverá mais cadeirões de quimioterapia, e mais picadas no cateter que tenho cravado no peito. Dizem-me as pessoas que tenho boa cara, que estou com boas cores e bom olhar, os cabelos crescem-me devagarinho, fortes e encaracolados. Acontece-me reviver a felicidade do mar em manhãs claras de luz e calor, ou recordar o entusiasmo nos preparativos de temporada ao longo do ano. Recordar certas rodas de risos e conversas à roda de mesas, encontros e reencontros de bem-estar. Nestes momentos, penso no verso de Ruy Belo: "Basta a cada dia a sua própria alegria" (Ruy Belo, *Todos os poemas*. Lisboa: Assírio & Alvim, 2014, p. 339).

Não choro perdas mas invento ganhos, na serenidade que, sorte minha, tenho vivido. Quatro semanas depois da segunda cirurgia, continuo a agradecer a minha sorte, enquanto assisto à catástrofe do mundo. Triste mundo em crescente delírio, nas notícias que a toda hora me chegam, no desacerto dos governos, nas histórias que vou conhecendo pelas conversas gerais, nos malefícios dos casamentos desfeitos, nas confidências e desabafos de tanto sofrimento. O país agita-se em crise financeira, falências em cadeia, conflitos partidários. Mesmo assim, não desisto de acreditar que os países não morrem, e acho-me envolvida na mudança de civilização de que o sábio padre Manuel Antunes nos falava na Faculdade de Letras, quando ouvi-lo era aprender a disciplina do pensamento.

Entre amigos, estando eu em boa convalescença, saiu-me de repente a exclamação: "Sou sobrevivente, serei ressuscitada!". No mesmo instante, mais forte e certeiro, guerreiro, um dos amigos reagiu: "Eu esfolo-a viva". A ela, à doença, queria ele dizer, porque há anos esse amigo se tem tratado de câncer, pega-o como forcado pelos cornos, à bruta o derruba no chão.

Não tenho previsões de futuro, mas projetos de viagem por dentro e por fora, num mundo a múltiplas dimensões. Na urgência do tempo, situo-me no presente, sem prazos, sem perguntar onde, quando, como será. Entrego-me. Estou certa de que desistir, desanimar, resignar-me não são bons caminhos para perceber como consenti que o passageiro clandestino tenha abusado de mim. Nada melhor do que um palavrão bem pronunciado, para dizer a dor. O amor à vida, que não é coragem nem bondade, que não é inteligência nem dever, é o dom que tudo explica.

8 de agosto de 2014

Agradecimentos

Aos meus filhos Leonor, Maria e Gonçalo e aos meus netos Pedro, Emídio, Beatriz e Maria Leonor. A Estela Abreu e a Rachel Jardim, a Zuenir Ventura. À minha editora Maria Amélia Mello. Àqueles que têm cuidado de mim na doença. Aos que trabalharam este livro. A todas e todos os que me querem bem.

Este livro foi composto com tipografia Bembo Std e impresso
em papel Off-White 80 g/m² na Formato Artes Gráficas.